Jogurt, Milch & Quark

Rose Marie Donhauser

Jogurt, Milch & Quark

Frische Ideen für neue Rezepte

Weltbild

Inhalt

Käse – eine reife Leistung

Unsere Vorfahren entdeckten den Käse aus Zufall: Restliche Milch blieb stehen und veränderte sich. Die weiße, undurchsichtige Milch entwickelte sich in zwei Teile: zu einem festen Bestandteil – dem Bruch – und zu wässriger, gelblicher Flüssigkeit – der Molke. In den ersten 24 Stunden war der weiße Teig noch schwammig, doch durch längeres Stehenbleiben wurde der »Klumpen« immer fester. Die Teilung in Bruch und Molke bzw. das Vergären der Milch entsteht durch das Zusammenspiel von Zeit, Temperatur und (gesunden) Bakterien aus der Luft. In den Anfängen der Käseherstellung wurde diese Zufallsentdeckung – das natürliche Sauerwerden der Milch – ein selbstverständlicher Bestandteil des täglichen Lebens und des Speiseplans. Erst viel später wurde die Teilung in Bruch und Molke von Chemikern als das Gerinnen unter der Einwirkung von Milchsäurebakterien analysiert. Eiweiß und Rahm setzen sich als Käse ab, der unförmige Bruch sinkt nach unten und schwimmt im Käsewasser – der Molke.

Käsegewinnung mit Lab

Wahrscheinlich wäre diese Art der Käseherstellung die einzige Methode zum Dicklegen der Milch geblieben, wenn nicht wieder der berühmte Zufall uns die zweite Art der Käseherstellung nahe gebracht hätte: Irgendwann wurde bei einer Schlachtung beobachtet, dass die getrunkene Milch im Magen eines Lamms geronnen war. Dies ist möglich durch das Lab – ein Enzym im Magen –, ohne das die Milch gar nicht verdaut werden könnte. Das Lab lässt Milcheiweiß gerinnen. Nachdem man das Prinzip erkannt hatte, forschte man weiter. Man entdeckte, dass das Lab aus Kälbermägen noch besser funktionierte. Und im Pflanzenreich beobachtete man die gerinnende Wirkung von Säften des Feigenbaumes, der Distel und des Labkrauts. Diese Erkenntnisse haben zur Produktion der zweiten Art Käse geführt – der Labkäseherstellung. Auch heutzutage entspricht die Käseherstellung noch immer im Prinzip den der Natur abgeschauten Vorgängen.
Natürlich ist die Käseherstellung professioneller geworden: Die Wissenschaft hat zur Vereinfachung und zur Erforschung, u. a. auch der Herstellung des mikrobiellen Labs, ihren Anteil beigetragen.

Ordnung muss sein

Käse kann manchen durch seinen Gestank in die Flucht schlagen. Andere wiederum machen sich von weither auf den Weg, um spezielle Sorten zu bekommen. Seine Beschaffenheit bzw. Konsistenz zu beschreiben ist nicht ganz einfach, denn er zeigt sich mal weich, mal knochenhart, mal sahnig zum Streichen und dann wieder mit Zutaten in einer ganz anderen Form. Er kann sehr mild sein, sehr ausgewogen, aber auch ganz schön scharf rangehen. Und die, die ihn mögen, lassen nicht mehr von ihm ... Also, wie soll man das Chamäleon Käse umschreiben? Nach dem Geruch, nach dem Geschmack oder nach Alter? Oder nach der Art der Milchsäuerung, der Herstellung oder nach dem Reifegrad? Bestimmt war es schwierig, eine Lösung zu finden, um das Nahrungsmittel Käse in ein brauchbares System einzureihen und klar zu definieren. Vorrangig für den Erlass einer Käseverordung war und ist der Schutz des Verbrauchers. Dieser soll auf jeder Packung die Herkunft, die Milchart, die Fettstufe, den höchsten Wassergehalt und den Mindesttrockenmassegehalt erkennen.

Weich und hart

In der deutschen Käseverordnung ist der Käse nach Beschaffenheit bzw. Konsistenz eingeteilt. Dies ist möglich, indem das Verhältnis von Trockenmasse zum Wassergehalt zugrunde gelegt wird. Die Käsegruppen definieren sich daher nach dem Gehalt an Trockenmasse und somit nach dem Wassergehalt. Je härter der Käse, umso mehr Trockenmasse ist vorhanden und umso niedriger ist der Wassergehalt.

Die Käseherstellung

Unter der Trockenmasse Käse versteht man die Inhaltsstoffe wie Fett, Eiweiß, Milchzucker, Salz, Mineralien, Spurenelemente und Vitamine. Ein Käse besteht grundsätzlich aus Trockenmasse und Wasser. Verlieren kann er logischerweise immer nur an Wassergehalt. Die Trockenmasse

Milchprodukte und Käse sind ein wichtger Bestandteil unserer Ernährung.

bleibt übrig, egal wie viel Wasser entzogen wird. Die Beurteilung und Beschaffenheit eines Käses fängt bereits bei der Festlegung der verwendeten Käsemilch an. Der Fettgehalt ist entscheidend. Bei der Weiterverarbeitung wird dann entschieden, je

Fett in der Trockenmasse

Die Bezeichnung sagt aus, wie viel Fett sich in der Trockenmasse tatsächlich befindet. Wird nun von dem gesamten Käsegewicht der Wasseranteil abgezogen, bleibt die Trockenmasse unverändert. Ein Beispiel: Bei 100 Gramm Schnittkäse steht auf der Packung »46% F.i.Tr.«. Diese 100 Gramm Käse bestehen aber aus Wasser und Trockenmasse. Folglich enthält der Käse weniger Fett in den 100 Gramm als 46 Prozent. Erst wenn der Käse länger reift und ein Wasserverlust entsteht, wird der absolute Fettgehalt in den 100 Gramm Käse konzentrierter.

Käse wird in einer ungeheuer großen Vielfalt angeboten. Am besten schmecken die verschiedenen Sorten zu frischem Brot.

nach Sorte und Typ, wie viel Wassergehalt entzogen wird. So hat Hartkäse den geringsten, Frischkäse den höchsten Wassergehalt. Der Wassergehalt eines Käses nimmt mit Reifung und Alter stetig ab.

Hartkäse

Hartkäse gehören zur Gruppe der Labkäse und haben den höchsten Gehalt an Trockenmasse und den niedrigsten Wassergehalt. Sie werden in der Vollfettstufe und in höheren Fettstufen hergestellt. Eine längere Reifezeit ist Voraussetzung, da sie in dieser Zeit ihr volles Aroma, die feste Konsistenz und ihren würzigen Geschmack erreichen. Am Ende der Reifezeit haben Hartkäse einen Trockengehalt von mindestens 60 Prozent und einen Wassergehalt in der fettfreien Käsemasse von höchstens 56 Prozent.

Schnittkäse

Schnittkäse ist viel geschmeidiger und weicher, weil mehr Wasser in der Käsemasse enthalten ist. Der Trockenmassegehalt beträgt zwischen 49 und 63 Prozent, der Wassergehalt mindestens 54 Prozent und höchstens 63 Prozent.

Halbfester Käse

Halbfester Schnittkäse ist eine Art »Zwischenkäse«. Er ist zu fest für die Einteilung als Weichkäse und zu weich für die Bezeichnung Schnittkäse. Es sind Käse, die zum Schneiden geeignet sind, aber doch weichbutterig auf der Zunge zergehen. Bestes Beispiel ist der deutsche Butterkäse. Der Trockenmassegehalt liegt zwischen 44 und 55 Prozent und der Wassergehalt in der fettfreien Käsemasse bei mehr als 61 Prozent.

Weichkäse

Weichkäse sind besonders weiche Käse, deren Wassergehalt in der fettfreien Käsemasse bei mehr als 67 Prozent und der Trockenmassegehalt zwischen 35 und 52 Prozent liegt. Doch das ist nicht das einzige Kriterium. Sie reifen nämlich von außen nach innen und nicht wie übliche Käsesorten im Ganzen. Der Weichkäse wird zusätzlich in zwei Gruppen unterteilt: in Rotschmierekäse und in Weißschimmelkäse.

Frischkäse

Frischkäse sind verkaufsfertige Käsesorten, die ohne Reifung in den Handel kommen. Der Wassergehalt in der fettfreien Käsemasse liegt bei mehr als 73 Prozent.
Sauermilchkäse werden aus Quark zubereitet und haben weniger als 10 Prozent Fett in der Trockenmasse. Diese Bezeichnung gilt nur für Deutschland.

Fettgehaltsstufen – F. i. Tr.

Doppelrahmstufen: 60 bis 85%
Rahmstufe: mind. 50%
Vollfettstufe: mind. 45%
Fettstufe: mind. 40%
Dreiviertelfettstufe: mind. 30%
Halbfettstufe: mind. 20%
Viertelfettstufe: mind. 10%
Magerstufe: weniger als 10%

Frisch geriebener Käse verfeinert viele Gerichte. Das schmeckt auch Männern!

Eine besondere Behandlung

»Eingestellte« Milch für die Verarbeitung zur Herstellung von Milchprodukten und den meisten Käsen muss wärmebehandelt werden. Dazu wird das patentierte Verfahren von Louis Pasteur (1822–1895), einem französischen Chemiker und Biologen, angewendet. Pasteurisieren ist ein Erhitzungsverfahren zur Haltbarmachung und zum Sterilisieren, bei dem die Milch innerhalb von 15 bis 30 Sekunden auf etwa 72 bis 75 °C erhitzt wird. Nach dem Pasteurisieren wird die Milch als Käsereimilch freigegeben. In diesem Stadium spricht der Fachmann von der »Kesselmilch«.

Quark – der Frühreife

Die älteste Käseherstellung der Welt ist die von Sauermilchkäse. Die Milch bleibt stehen, wird sauer, und durch die Abscheidung von Flüssigkeit bleibt das gesamte »Kasein« in Form von einem weichen Teigklumpen übrig – als Quark. Dieses Frischeprodukt wird Frischkäse, Matte, Topfen oder auch Glumse genannt. Quark wird als die Urform des Käses bezeichnet, denn dieser »Frühreife« schmeckt unwahrscheinlich frisch, leicht säuerlich und milchig, ist aber auch für die Weiterverarbeitung von Sauermilchkäsen vorgesehen. In der deutschen Käseverordnung versteht man unter dem Begriff Frischkäse oder Quark ungereifte Käseerzeugnisse, die sofort nach der Herstellung in den Handel gelangen.

Leckere Quarkdesserts mit frischen Früchten – ein gesunder Genuss

Die Mutter und ihre Kinder

Der frische Käse – der Quark – ist in allen denkbaren Varianten weiterzuverarbeiten oder anzureichern. Die Hersteller bieten den Quark »natur« in allen Fettstufen an und außerdem in einer breiten Geschmacksvielfalt mit entsprechenden Zutaten: Von Früchten, Nüssen, Kräutern, Zwiebeln, Gemüse bis hin zu Zucker, Knoblauch, Ballaststoffen und Gewürzen ist alles dabei. Zusätzlich werden die Eigenschaften der Quarkkonsistenz als streichfähig, aufgeschäumt, sahnig, geschmeidig, halbfest, auch schneidbar oder zartcremig definiert. Beim Quark ohne jegliche Zusätze unterscheidet man zwischen Magerquark (ca. 2 % F. i. Tr.), Halbfett- (20 % F. i. Tr.) und Fettstufe (40 % F. i. Tr.). Außerdem gibt es fettarmen Quark mit 10 Prozent Fett in der Trockenmasse.

Schicht auf Schicht

Bei der Herstellung von Schichtkäse wird die dickgelegte Milch nicht zentrifugiert, sondern in dicke Schichten geschnitten. Diese »Bruch-Schichten« werden Schicht auf Schicht in durchlässige Formen gegeben. Die Molke kann gut ablaufen und begünstigt das Verfestigen und Zusammenkleben der einzelnen Schichten. Grundsätzlich weist ein verkaufsfertiger Schichtkäse drei gleich große Schichten auf, wobei die mittlere einen höheren Fettgehalt hat als die beiden anderen. Schichtkäse gibt es in verschiedenen Fettstufen: 10, 20 oder 40 Prozent Fett in der Trockenmasse.

Korn um Korn

Ein eiweißreicher, fettarmer Frischkäse in Form von weißen Quarkkörnern wird als körniger Frischkäse oder Hüttenkäse angeboten. Dazu wird der Bruch maschinell klein geschnitten, leicht erwärmt und anschließend kalt durchgewaschen. So können die Körner nicht miteinander verkleben.

Aber bitte mit Sahne

Besonders streichfähig, sahnig im Geschmack und sehr beliebt bei Schleckermäulern sind die beiden »Sahnigen«: Rahmfrischkäse und Doppelrahmfrischkäse. Sie sind abgestimmt auf pikante oder süße Vorlieben mit Gewürzen und Kräutern oder mit Früchten und Zucker. Rahmfrischkäse muss einen Fettgehalt von mindestens 50 Prozent in der Trockenmasse vorweisen. Doppelrahmfrischkäse hat mindestens 60 Prozent und höchstens 85 Prozent Fett in der Trockenmasse.

Hausgemachter Quark

Mittlerweile wird Quark (wieder) aus nostalgischen oder gesundheitsbewussten Gründen in Eigenregie hergestellt, und das ist denkbar einfach. Der Vorteil liegt darin, dass keine unerwünschten Zusatzstoffe enthalten sind. Sollten Sie also auch einmal Lust verspüren, Ihren Quark selbst zu produzieren, dann verfahren Sie wie folgt:

1 Gießen Sie 1 Liter pasteurisierte Milch oder Vorzugsmilch und 50 Milliliter reine Buttermilch in eine Schüssel und decken diese mit einem Tuch ab. Die Milch soll nun bei Zimmertemperatur für 24 Stunden stehen bleiben. In dieser Zeit bewirken die Milchsäurebakterien eine natürliche Säuerung, und die Milch bekommt dadurch eine dickliche Konsistenz.

2 Die Schüssel mit der dicklichen Milch stellen Sie für etwa 30 Minuten bei 30 °C in den vorgeheizten Backofen. Die Wärme bewirkt die Trennung von Bruch und Molke.

3 Nun schöpfen Sie den Bruch vorsichtig in eine mit einem Mulltuch ausgelegte Schüssel. Das Tuch an den Enden zusammenknüpfen und für etwa zwei Stunden über eine Schüssel hängen. In der Schüssel fangen Sie die abfließende Molke auf. Den fertigen Quark aus dem Tuch nehmen und nach Belieben mit frischen Kräutern, Salz, Pfeffer und Zwiebeln verfeinern.

Tipp: Je länger der Quark im Tuch abtropft, umso trockener wird er. Sollte Ihr Quark nicht die gewünschte cremige Konsistenz haben, dann können Sie etwas Milch, Sahne oder Jogurt unterrühren.

Sauermilchkäse – ein alter Bekannter

Das uralte Verfahren, aus saurer Milch Käse herzustellen, ist heutzutage fast ausschließlich in industrieller Hand, meist in Betrieben, die ohnehin Quark herstellen.
Um Sauermilchkäse zu erzeugen, wird pasteurisierte Magermilch mit speziell für Käsereien gezüchteten Milchsäurebakterien zum Gerinnen angesetzt. Diese Bakterien spalten den Milchzucker auf und verwandeln ihn in Milchsäure. Durch die Milchsäure gerinnt das Eiweiß, die Milch wird dick, und fertig ist der Sauermilchquark als Basis für Sauermilchkäse. Übrigens – Sauermilchkäse ist zum Abnehmen ein idealer Begleiter, denn der Fettgehalt liegt unter 10 Prozent Fett in der Trockenmasse. Für die entsprechenden Käsesorten wird der Sauermilchquark erst einmal gesalzen und in die jeweilige Form zugeschnitten. Dann beginnt die Ruhephase, und schon nach einigen Tagen bildet sich die für Sauermilchkäse typisch, geschlossene Haut auf der Oberfläche. Laut Käseverordnung wird in Deutschland und Österreich auf diese Weise Sauermilchkäse hergestellt und in den Handel gebracht. Die bekanntesten deutschen Vertreter sind Mainzer Käse, Ölmützer Quargl oder Harzer Käse, aus unseren Nachbarländern kennen wir Graukäse aus Österreich und den Schweizer Schabziger.

Beispiele aus der italienischen Familie der Frischkäse

Mascarpone Dieser sahnige Italiener zählt mit 80 Prozent Fett zur Gruppe der Doppelrahmfrischkäse. Zur Mascarpone-Herstellung wird reine Sahne unter ständigem Rühren erhitzt und bei etwa 85 °C pasteurisiert. Zur Gerinnung wird eine Zitronen- und Milchsäurelösung eingerührt. Sobald die Molke abläuft, wird die Sahne homogenisiert.

Ricotta Es werden verschiedene Ricotta-Sorten angeboten, ob frische, gesalzene, trockene oder reife. Die etwas krümelige Konsistenz des weichen Frischkäses stammt aus einer Mischung von Schaf- und Kuhmilch. Meist wird dieser Käse zum Kochen, Backen und für Desserts verwendet, also in der Regel nicht pur verzehrt.

Stracchino Darunter versteht man eine ganze Reihe von Bergkäsesorten, die unter die Sortenbezeichnung Frischkäse fallen. Die festen, fein säuerlichen Käse sind außerhalb Italiens nicht leicht zu bekommen, da sie sehr schnell reifen und baldmöglichst verzehrt werden sollten.

Taleggio Er gehört ebenfalls zu den Stracchino-Sorten. Es gibt verschiedene Taleggios, u. a. einen halbfesten Schnittkäse mit 48 Prozent Fett in der Trockenmasse. Diese weiche, cremige Sorte Taleggio sollte so frisch wie möglich gegessen werden, da er leicht sauer wird.

Bei uns kann man heute Käse aus aller Welt in jedem Supermarkt bekommen.

Zum Dahinschmelzen

Laut deutscher Käseverordnung sind unter dem Begriff Schmelzkäse Käseerzeugnisse einzuordnen, die unter Anwendung von Schmelzsalzen hergestellt werden. Durch diesen Prozess sind sie sehr lange haltbar, von gleich bleibender Qualität und somit als Konserven zu betrachten. Das Ausgangsprodukt kann alle Labkäsesorten einschließlich Speisequark und Sauermilchkäse beinhalten. Sämtliche Mischungen sind erlaubt. Grundsätzlich werden Käse mit guten Schmelzeigenschaften verwendet, wie z. B. Chesterkäse. Enthält ein Schmelzkäse mindestens 75 Prozent einer bestimmten Käsesorte, dann darf der Schmelzkäse nach dieser Sorte benannt werden.

Was so alles drin ist

Bei der Herstellung von Schmelzkäse werden Käse ohne Rinde fein vermahlen und mit bis zu 3,5 Prozent Schmelzsalzen vermischt auf 120 °C erhitzt. Die Salze gewähren eine stabile, gleichmäßige Käseemulsion. Die Käsemasse wird unter Rühren geschmolzen, währenddessen werden Zusatzstoffe beigegeben: für die Streichfähigkeit Butterschmalz, Butter, Rahm, Milchzucker, Molkenpulver oder Molkenpaste; für den Geschmack Kräuter, Schinken, Salami, Pilze, Nüsse, Mandeln, Rum oder Gewürze; für Haltbarkeit, Farbe und Streichfähigkeit Phosphate und Zitrate; außerdem Wein- und Zitronensäure, Speisealz, Wasser und Käsefarbe.

Die fertige Mischung wird in Formen gefüllt, abgekühlt und zum Verkauf ausgeliefert. Für die Herstellung von Scheiblettenkäse wird die Masse auf Bändern ausgerollt, gekühlt und anschließend luftdicht in Folien portioniert.

Zwei, die sich lieben – Wein und Käse

Die Wahrheit im Wein erkennen und im Käse mit Genuss schwelgen – das ist Savoir-vivre. Das Edle im Einfachen entdecken. Damit der Alkohol im Wein einen nicht allzu philosophisch werden lässt, ist der Käse ein wunderbarer Verbündeter.
Es gibt kein vergleichbares Lebensmittel – außer Brot natürlich – das dem Wein so nahe steht wie der Käse. Beide brauchen lange Reifeperioden, müssen bis zum Genuss sorgfältig gehegt und gepflegt werden. Genauso haben Wein- und Käsekenner eines gemeinsam: Beide gehen sehr sorgsam mit ihrem edlem Gut um.
Käse ist so genügsam wie der Wein. Konstant bleibende Temperatur, Feuchtigkeit und Dunkelheit brauchen beide. Rotwein wird schon einige Zeit vor dem Trinken dekantiert, damit er sein volles Aroma entfalten kann. Käse will auch etwa 1 bis 2 Stunden vor dem Verzehr aus dem Kellerverlies oder dem Kühlschrank, damit er dasselbe bieten kann wie der Bruder Wein.

Unerschöpfliche Variationen

»Wein und Käse sind Blut und Milch der Erde und vermitteln zusammen ein Bild ihrer Seele und ihres Charakters.« Dieser Satz des französischen Gourmets und Gastronomiesachverständigen Edmont Saillant ist äußerst zutreffend. Doch Saillant verrät uns nicht, welchen Wein er zu welchem Käse getrunken hat. Das Durchforsten der Käse- und Weinhistorie bringt auch keine grundsätzlichen Regeln für das Kombinieren zum Vorschein. Eigentlich logisch, denn in den tausenden von Wein- und Käsejahren aß und trank man einfach das, was regional vorhanden war.
Erst in unserem Jahrhundert, durch die Industrialisierung, den Import und Export wurden wir immer verwöhnter. Wie haben jederzeit Zugang zu Produkten aus allen Teilen der Welt. So leisten wir uns den Luxus, z. B. einen kalifornischen Rotwein mit einem bulgarischen Schafskäse oder einen russischen Chanakh mit einem spanischen Narvarra-Wein zu kredenzen. Doch ob das der Weisheit letzter Schluss ist, muss individuell nach Gaumen und Geschmack entschieden werden.

Lassen Sie sich beraten

Die Intensität der Geschmacksnuancen könnte bei der Entscheidung helfen: Mild zu mild, pikant zu pikant und würzig zu vollem, reifem Erlebnis. Wenn Sie sich beim Einkaufen unsicher sind, was die Zusammenstellung von Käse und Wein betrifft, dann gehen Sie in spezielle Käse-Wein-Geschäfte. Überraschend viele Weinhändler fahren tatsächlich selbst in die Regionen, um die Weine zu degustieren und gleichzeitig die passenden Käse mitzubringen. Es wird kaum eine bessere Fachberatung geben als in solch kombinierten Geschäften: Wein und Käse, Vin & fromage, Vino e formaggio.

Erlaubt ist, was gefällt

Oder Sie halten sich an das Motto »Probieren geht über Studieren«. Ein reifer Brie und ein bauchiges Glas mit tiefrotem Wein. Ein prickelnder Weißwein mit einem Stück Ziegenkäse. Emmentaler oder Edamer mit einem Weißwein wie Riesling oder Silvaner. Einen Blaublütler Roquefort mit Lemberger oder Tokajer. Die Liste könnte endlos weitergeführt werden. Das Prinzip lautet, schwere Weine mit kräftigen Käsen und leichte Weine mit wenig ausgeprägten Käsesorten zu vereinen. Probieren Sie und notieren Sie am besten auch gleich, was Ihnen mundet und was nicht.

Anfang oder Ende?

»Eine Mahlzeit ohne Käse gleicht einer einäugigen Schönheit.« Brillat-Savarin, ein Genussmensch und Huldiger der feinen Küche, hinterließ mit diesem Satz eine Hommage an den Käse. In französischsprachigen Ländern wird das Ende einer Mahlzeit mit dem Servieren von Käse angezeigt. Käse schließt den Magen, wie es so schön heißt – aber er ist eigentlich viel zu schade, um nur zu verschließen. Vielleicht mag damit auch nur die Krönung einer Mahlzeit gemeint sein.

Feine Kombinationen

Ein Glas Portwein mit einem Walnussbrot, frischen Trauben, einem Stück Edelpilzkäse oder reifem Brie ist was sehr, sehr Schönes. Ein Gläschen Grappa mit frisch gehobeltem Grana Padano oder Gorgonzola regt zu Urlaubsgesprächen an. Ein Gläschen Sherry mit Stilton, Toastschnittchen und Teebutter lässt die Royals hochleben. Ein bayerischer Edelpilzkäse und dazu ein Enzian (Branntwein) und Haselnussbrot regt zum Bäume ausreißen an. Man kann Käse am Anfang und am Ende eines gelungenen Menüs servieren – dies ist eine Geschmacksfrage und durchaus eine geschickte Steuerung der Gastgeber, die vielleicht von ihrem letzten Urlaub in Italien oder Frankreich erzählen. Nicht zuletzt kann man Wein und Käse auch ohne weitere Gänge genießen. So kann der Genuss dieser köstlichen Verbindung auch die Krönung eines ganzen Tages sein.

Wein ist ein stilvoller Begleiter zu Käse – es kann auch mal ein Portwein sein.

Jogurt – kultige Lieblingsmilch zum Löffeln & Trinken

Die Bulgaren machen es uns vor: Sie sind Weltmeister im Jogurtverzehr und gehören u. a. dadurch zu den ältesten und vor allem gesündesten Menschen der Welt. In Bulgarien wurde der Jogurt erfunden und ursprünglich aus Schafsmilch hergestellt. Bei uns wird zur Jogurt-Herstellung normalerweise frische Kuhmilch verwendet, die mit Milchsäurebakterien versetzt wird.

Wie Jogurt entsteht

Während auch hier im Laufe von Jahrhunderten der Zufall dieses Milchprodukt entstehen ließ, untermauerte der Bakteriologe und Zoologe Ilja Metschnikoff (1845–1916) aufgrund seiner Entdeckung der Jogurt-Bakterien im Institut Pasteur in Paris das Verfahren wissenschaftlich. Die von ihm im Jogurt entdeckten Bakterien nannt er »Lactobacilli bulgarici«.
Im Gegensatz zur Herstellung von Dickmilch benötigt man für die Jogurt-Herstellung eine warme (brütende) Temperatur von 40 °C, bei der die beiden Bakterienstämme »Lactobacillus bulgaricus« und »Streptococcus thermophilus« optimal reifen können. Das sauermilchartige Erzeugnis wird anschließend nach Geschmack gewürzt, von pikant bis süß. Jogurt wird aus Milch unterschiedlicher Fettstufen oder aus Sahne hergestellt. Daraus ergibt sich sein Fettgehalt.

Links- oder rechtsdrehend?

Die entsprechende Drehung der Bakterien ist für die Ernährung, besonders für Allergiker, die entscheidende Frage. Gerade aus diesem Grund muss sie auch auf den Bechern entsprechend deklariert sein.
Die im Jogurt enthaltene Milchsäure ist geruch- und farblos und sirupartig. Sie entsteht während der Gärung unter dem Einfluss der Milchsäurebakterien und kommt in zwei optisch aktiven Formen, als linksdrehende und rechtsdrehende vor. Unser Körper verarbeitet die rechtsdrehende Milchsäure als Zwischen- und Endprodukt für den Kohlenhydratstoffwechsel besser als die linksdrehende.

Welcher Jogurt darf es denn sein?

Laut gesetzlicher Bestimmung wird Jogurt in vier Fettstufen angeboten:

- Jogurt aus entrahmter Milch mit höchstens 0,3 % Fett
- Fettarmer Jogurt mit 1,5 bis 1,8 % Fett
- Jogurt mit standardisiertem Fettgehalt von 3,5 % Fett oder naturbelassenem Fettgehalt von 3,7 bis 3,8 %
- Sahnejogurt mit mindestens 10 % Fett

Gesund mit Jogurt

Die Zahl der verschiedenen gesunden Jogurtzubereitungen ist drastisch angestiegen. Die bekanntesten Vertreter sind LC 1, LGG und LA7. Diese Sorten enthalten besonders viele gesunde Milchsäurebakterien. Beim Verzehr siedeln sich diese Bakterienstämme für einige Tage im Dickdarm an und erhalten somit die natürliche Darmflora. Sie müssen dafür allerdings regelmäßig verzehrt werden.

Impfen und bebrüten

In der Molkereifachsprache wird von Impfen gesprochen, wenn der Milch Kulturen beigemischt werden, um Jogurt herzustellen. Dieses geschieht bei 40 bis maximal 42 °C. Bei dieser Temperatur vermehrt sich die Milchsäure, und dadurch entsteht Milchzucker bzw. Laktose. Bei diesem Vorgang sinkt der pH-Wert, und die Milch(creme) schmeckt angenehm säuerlich. Und sobald genügend Eiweiß in der Milch »ausfällt«, wird die Milch dick. Nach der Fertigstellung muss der Jogurt auf 5 °C heruntergekühlt werden.

Vorsicht Milchzucker

Der Zucker in der Milch wird Milchzucker oder Laktose genannt. Dieser Milchzucker kann von vielen Menschen nicht richtig verdaut werden, weil ihnen ein Enzym fehlt, das zum Spalten nötig ist. In Asien haben beispielsweise sehr viele Menschen eine Laktose-Intoleranz, sie können jenseits des Säuglingsalters keine Milch mehr vertragen. Doch Käse- und Jogurtliebhaber können aufatmen: Sobald Milch zu Produkten wie Butter, Sahne, Jogurt oder Käse weiterverarbeitet wird, ist Milchzucker kein Thema mehr. Durch die Fermentation während der Weiterverarbeitung sind nur noch Spuren davon übrig.

Jogurt selbst machen

Wählen Sie Ihren persönlichen Lieblings-Naturjogurt mit rechts- oder linksdrehender Milchsäure.

1 Einen Liter pasteurisierte Frischmilch in einen Topf gießen und etwa 10 Minuten bei 90 °C erhitzen – Thermometer bereithalten.

2 Den Topf vom Herd ziehen und die Milch auf 50 °C abkühlen lassen. Dann unter Rühren 150 Gramm Naturjogurt untermischen.

3 Die Jogurt-Milch in Portionsschalen abfüllen und an einen warmen Ort mit etwa 40 °C – am besten in den vorgeheizten Backofen – stellen. Den Jogurt etwa 8 Stunden »reifen« lassen. Anschließend mit Folie abdecken und bis zum Verzehr in den Kühlschrank stellen.

Tipp: Noch leichter geht es, wenn Sie eine Jogurtmaschine benutzen. Dazu sollten Sie allerdings die Bedienungsanleitung genau beachten.

Kefir - Jungbrunnen aus dem Kaukasus

Aus Sibirien, im Süden Russlands, und aus dem Kaukasus, dem Land der »Hundertjährigen« stammt das rahmartige Getränk Kefir. In der russischen Heimat wird Kefir (kef = Schaum) Kapri oder Kyppe genannt. Diesem milchigen Getränk, der Buttermilch nicht unähnlich, werden gesundheitsfördernde und heilende Eigenschaften nachgesagt. Für die traditionelle Kefirherstellung sind Milch, der Kefirpilz und Zeit alles, was Sie brauchen.

Das Geheimnis des Pilzes

Ein Kefirpilz besteht aus Milchsäurebakterien und zahlreichen Hefen, deren Wachstum der Kefirbazillus auslöst. Während der Gärung wird ein Teil des Milchzuckers in Alkohol umgewandelt. Kefir kann dadurch bis zu 2 Prozent Alkohol enthalten.

Die industrielle Kefirherstellung

Bei der Großproduktion von Kefir wird pasteurisierte Milch mit Milchsäurekulturen und milchzuckergärenden Hefen – den Kefirkörnchen – vermengt und fängt dadurch an zu gären. Während des Gärungsprozesses entsteht Kohlensäure, die den Kefirtrank moussieren lässt. Nach der Fertigstellung werden die Kefirkörnchen ausgesiebt und der Kefir wird in Becher abgefüllt.

Wenn sich der Deckel wölbt

Nach dem Abfüllen des Kefirs und dem Verschließen ist der Gärungsprozess noch nicht abgeschlossen. Die Kefirkulturen arbeiten fleißig weiter und wirbeln unter dem Deckel.

Kefir selbst ansetzen

Am einfachsten ist es, wenn Sie im Reformhaus oder im Naturkostladen ein spezielles gefriergetrocknetes Kefirferment kaufen: Nach Packungsaufschrift das Pulver in zimmerwarme Milch einrühren. Mit Folie abdecken und einen Tag lang bei Zimmertemperatur stehen lassen.

Die andere Möglichkeit ist, dass Sie sich einen natürlichen Kefirpilz besorgen. Doch dies ist nicht immer einfach; meist wird er von Haushalt zu Haushalt weitergegeben. Sobald Sie den Kefirpilz haben, diesen mit kaltem Wasser abspülen, abtropfen lassen und in einem Glaskrug mit Milch begießen. Etwa einen Tag stehen lassen, aber nicht länger. Der Pilz würde sich nach 24 Stunden zersetzen. Den fertigen Kefir abseihen und innerhalb von 1 Tag aufbrauchen. Den Kefirpilz unter fließend kaltem Wasser abwaschen und erneut einlegen.

Die Vielfalt an Milchprodukten, die wir heute im Kühlregal vorfinden, ist ungeheuer groß. Auch das ist ein Zeichen für die Beliebtheit von Kefir, Jogurt und Co.

Im Angebot sind »Kefir mild« (enthält keinen Alkohol), Fettarmer Kefir (1,5 Prozent Fettgehalt) und Kefir aus Vollmilch (3,5 Prozent Fettgehalt).

Genehmigen Sie sich einen Milchchampagner

Wollen Sie Ihrem Körper eine Reinigung von innen und außen genehmigen, dann sind Sie mit Kefir bestens bedient. Dieses überschäumende Getränk, das durch Gärungserreger wie Kefirpilz und Kefirknöllchen prickelnd auf der Zunge liegt, hat es in sich:

- 100 Gramm Kefir enthalten 3,5 Prozent Fett und schlagen mit leichten 61 Kalorien zu Buche.
- 120 Milligramm Kalzium, 157 Milligramm Kalium, viel Magnesium, reichlich Vitamine und 92 Milligramm Phosphor leisten gesunde Überzeugungsarbeit.
- Die Mikroorganismen im Kefir machen das Kasein leichter verdaulich und lassen den Milchzucker vergären.

Kefir gilt als Wundertrank – in seiner Heimat Russland werden auffallend viele Menschen durch Kefir-Genuss mit Leichtigkeit 100 Jahre alt. Auch bei uns zählt Kefir schon lange zu den »Gesundheitstränken«. Sollten Sie also Ihrem Körper etwas Gutes tun wollen, dann können Sie unbedenklich ein Wochenende nur mit Kefir verbringen. Machen Sie eine Art Fasten-Trink-Kur, bei der Sie 1 Liter Kefir am Tag trinken können, dazu gibt es reichlich Kräutertees und entfettete Gemüsebrühen.

Sahne – die Krönung in der Küche

Hier kriegen Sie im wahrsten Sinne des Wortes Ihr Fett ab: Sahne wird durch Zentrifugieren der Vollmilch gewonnen. Dabei wird Magermilch abgeschieden, die schwerere Sahne wird quasi »herausgeschleudert«. Alle Sahnesorten werden pasteurisiert; dabei wird die Sahne schonend erwärmt, dadurch ist sie länger haltbar. Zu den Standardsorten süßer Sahne gehören:

- Schlagsahne (Schlagrahm) mit einem Mindestgehalt von 30 Prozent Fett.
- Kaffeesahne (Kaffeerahm, Trinksahne) mit einem Mindestfettgehalt von 10 Prozent.

Je höher der Fettgehalt, umso besser lässt sich die Sahne schlagen. Hierfür ist Sahne mit 32 bis 34 Prozent Fett zu empfehlen.

Saure Sahne und Crème fraîche zählen zu den Sauermilchprodukten, da sie unter Zusatz von Milchsäurebakterien hergestellt werden.

Köstliche Sahneschwestern

- Saure Sahne wird aus süßer Sahne unter Beigabe von Milchsäurebakterien hergestellt. Der Mindestfettgehalt liegt bei 10 Prozent.
- Schmant wird immer wieder mit saurer Sahne verwechselt. Tatsächlich handelt es sich um eine löffelfeste saure Sahne, die aber im Gegensatz zu geschmeidig-cremig saurer Sahne einen Fettgehalt zwischen 20 und 29 Prozent aufweist. Früher meinte man mit Schmant süße Sahne.
- Crème double ist eine doppelt reduzierte Creme, sprich eine Konzentration von süßer Sahne. Der Fettgehalt liegt bei etwa 43 Prozent.
- Crème fraîche ist eine mild gesäuerte Sahne mit einem Mindestfettgehalt von etwa 30 Prozent. Zum Selbstherstellen einfach 200 Gramm Sahne mit 1 Esslöffel Buttermilch erhren und bei etwa 22 °C (Zimmertemperatur) stehen lassen. Anschließend zum Kochen verwenden.

Das i-Tüpfelchen: Sahne selbst hergestellt

1 Pasteurisierte Vollmilch etwa 30 Minuten lang bei einer Temperatur von 60 °C erhitzen.

2 Die Milch in eine breite Form gießen und für mindestens 12 Stunden in den Kühlschrank stellen.

3 Mit einem Löffel die »abgesetzte« optisch erkennbare Sahneschicht von der Milchoberfläche abschöpfen.

Schön und fit mit Milch und Milchprodukten

Schönheit von innen und außen funktioniert mit Milch & Co. perfekt. Wertvolle Inhaltsstoffe, pflegende Feuchtigkeit, natürliche Substanzen und vor allem die darin enthaltenen Naturstoffe lassen Sie ganz schön jung aussehen. Und vor allem – es sind günstige Produkte, die Sie bei Ihren Schönheitsbehandlungen unterstützen. Anbei einige Tipps für äußere Behandlungen, die Ihnen bei Hautirritationen helfen. Sie beruhigen und besänftigen die Haut, machen sie samtweich, beseitigen Müdigkeitserscheinungen im Gesicht und bringen leichte Entzündungen rund um die Augen zum Verschwinden.

Die Milch macht´s! Sie ist ein bewährtes Schönheitsmittel.

- Ein wohltuendes, cremiges Vollbad rühren Sie mit 100 Milliliter Milch und 50 Milliliter Olivenöl an. Königin Cleopatra machte es uns mit ihrem berühmten Bad aus Eselsmich vor.
- Einzelne Hautreizungen oder -rötungen einfach kreisend mit ein paar Tupfern frischer Sahne beruhigen. Die cremige Feuchtigkeit ohne Zusatzstoffe wirkt hier wahre Wunder.
- Butterweiche Haut bekommen Sie mit einem Vollbad aus 50 Gramm Vollmeersalz, 100 Gramm Honig und 1 Liter Milch. Diese Bademischung ist nebenbei auch preisgünstiger als jeder fertige Badezusatz.
- Bei Sonnenbrand genügt ein Griff in den Kühlschrank: Reiben sie Ihren Körper mit kalter Buttermilch ein. Das wirkt besänftigend und ausgleichend.
- Für eine Kur gegen fettige, unreine Haut geben Sie Vollmilchjogurt auf einen Wattebausch und reiben die Haut damit ab. Die im Jogurt enthaltenen »gesunden Bakterien« helfen gegen »böse (Akne-)Bakterien«.
- Gesichtsfalten lassen sich milde stimmen, wenn Sie ein Gemisch aus einem fein geriebenen Apfel, 50 Gramm Weizenstärke und 150 Gramm Vollmilchjogurt auftragen. Mindestens 15 Minuten antrocknen lassen und sorgfältig abwaschen.
- Bei rauer, angegriffener Haut hilft 1 Liter Molke oder Kefir, den Sie ins Badewasser gießen.
- Bei Entzündungen aller Art geben Sie Quark auf die betroffenen Hautstellen. Dies hilft auch gegen den Juckreiz bei Mückenstichen.

Rezepte mit Jogurt, Milch, Quark und Käse

Bärlauchkäse mit Spinat

Für 4 Personen **Zubereitungszeit 15 Minuten**

50 g frischer Bärlauch • 50 g junger Blattspinat • 1 Knoblauchzehe
1 EL Olivenöl • 100 g saure Sahne • 200 g Doppelrahmfrischkäse
Salz • Schwarzer Pfeffer

1 Bärlauch und Spinat waschen, trocken schwenken und sehr fein hacken. Die Knoblauchzehe schälen und in das Olivenöl pressen.

2 Saure Sahne mit Doppelrahmfrischkäse glatt rühren und die obigen Zutaten unterrühren. Mit Salz und Pfeffer würzen.

Krebs-Brotaufstrich

Für 4 Personen **Zubereitungszeit 20 Minuten**

1 kleine Dose eingelegtes Krebsfleisch (ca. 200 g)
1/2 Bund glatte Petersilie • 100 g Mandarinenspalten (Dose)
150 g saure Sahne • 50 g Mayonnaise • 150 g Sahnequark
1/2 TL Curry • Salz • Schwarzer Pfeffer

1 Krebsfleisch abtropfen lassen und fein hacken. Petersilie waschen und fein hacken. Mandarinensaft mit saurer Sahne, Mayonnaise und Quark verrühren.

2 Die Mandarinenspalten klein schneiden und mit dem Krebsfleisch unterrühren. Alles mit Curry, Salz und Pfeffer würzen, mit Petersilie bestreuen.

Buchweizenaufstrich

Für 4 Personen **Zubereitungszeit 10 Minuten**

1 Möhre • 2 Frühlingszwiebeln
½ Stange Lauch (nur das Weiße) • 150 g Buchweizenflocken
300 g Vollmilchjogurt • Salz • Schwarzer Pfeffer
Je 1 Msp. Paprikapulver edelsüß und rosenscharf

Die Möhre schälen, die Frühlingszwiebeln putzen und den Lauch waschen. Alles klein würfeln. Buchweizenflocken mit Vollmilchjogurt und Gemüsewürfeln verrühren. Mit Salz, Pfeffer und Paprika würzen.

Sahnekäse mit Blauschimmel

Für 4 Personen **Zubereitungszeit 15 Minuten**

50 g Pinienkerne • ½ Bund gemischte Kräuter • 150 g Blauschimmelkäse
(z.B. Bavaria blue oder Gorgonzola) • 1 Eigelb • 100 g saureSahne
100 g Doppelrahmfrischkäse • 100 g fein gehobelter Parmesan

1 Die Pinienkerne in einer heißen, ungefetteten Pfanne solange rösten, bis sie duften. Herausnehmen, abkühlen lassen und fein hacken. Die Kräuter waschen, trocken schwenken und fein hacken.

2 Den Käse zerkleinern und mit dem Eigelb zermusen. Mit saurer Sahne und Frischkäse cremig rühren. Die Kräuter unterrühren und vorsichtig mit Salz und Pfeffer würzen. Mit Parmesan und Pinienkernen bestreuen.

Mexikanische Avocadocreme

Für 4 Personen **Zubereitungszeit 20 Minuten**

2 Fleischtomaten • 5 Stängel Koriandergrün • 1 kleine, rote Chilischote 2 große, reife Avocados • Saft von 1⁄2 Limette (oder Zitrone) • 100 g saure Sahne • Salz • Schwarzer Pfeffer • 1 Msp. Cayennepfeffer

1 Die Fleischtomaten blanchieren, häuten, entkernen und in kleine Würfel schneiden. Das Koriandergrün waschen, von den Stängeln zupfen und fein hacken. Die Chilischote waschen, entkernen und fein hacken.

2 Die Avocados halbieren, die Kerne entfernen und das Fruchtfleisch aus der Schale löffeln. Das Fruchtfleisch zusammen mit dem Limettensaft im Küchenmixer fein pürieren. Mit saurer Sahne verrühren und die Tomatenwürfel, Chilis sowie den Koriander unterziehen.

3 Die Avocadocreme mit Salz und Pfeffer würzen. In vier Portionsschalen verteilen und mit Cayennepfeffer bestäuben.

Tipp

Bereiten Sie die Creme erst unmittelbar vor dem Essen zu, da sich das Avocadofleisch schnell dunkel verfärbt.

Varianten

Aus Avocados, Käse und Sahne lassen sich wunderbare Cremes und Aufstriche zaubern. Haben Sie noch etwas Crème double, Crème fraîche oder Frischkäse im Haus? Es können ruhig auch Produkte mit Geschmackszutaten sein, wie Meerrettich, Kräuter, Knoblauch, Zwiebel oder Tomate. Oder Sie haben noch Schlagsahne vom nachmittäglichen Kaffeetisch übrig? Ersetzen Sie die saure Sahne im Rezept durch das, was im Kühlschrank ist, ruhig auch eine Mischung, z. B. 50 Gramm Frischkäse und 50 Gramm geschlagene Sahne. Gehen Sie ansonsten nach dem Rezept vor. Wenn Sie jedoch Frischkäse mit Geschmackszutaten verwenden, sollten Sie dies beim Würzen der Creme berücksichtigen.

Jogurtaufstrich mit Hähnchen

Für 4 Personen **Zubereitungszeit 15 Minuten**

½ gegrilltes Brathähnchen • 4 Scheiben Ananas mit 2 EL Saft (Dose)
150 g Vollmilchjogurt • Salz • Schwarzer Pfeffer
1 Msp. Kurkuma • 1 Msp. gemahlener Kreuzkümmel
Nach Belieben: 150 g Erdbeeren in Scheibchen geschnitten

1 Das Hähnchen enthäuten und entbeinen. Das Fleisch in sehr kleine Stückchen schneiden. Ananasringe in schmale Eckchen schneiden, zusammen mit Ananassaft sowie Hähnchenfleisch unter den Jogurt rühren.

2 Die Jogurtmischung mit Salz, Pfeffer, Kurkuma und Kreuzkümmel würzen. Auf Portionsschalen verteilen und mit Erdbeeren garnieren.

Jogurtkäse mit Brokkoli

Für 4 Personen **Zubereitungszeit 20 Minuten**

100 g Mandelblättchen • 500 g frischer Brokkoli • Salz
1 Schalotte • 1 Knoblauchzehe • 300 g Doppelrahmfrischkäse
150 g Vollmilchjogurt • 2 EL Multivitaminsaft • Schwarzer Pfeffer

1 Die Mandelblättchen in einer heißen, ungefetteten Pfanne so lange rösten, bis sie duften. Herausnehmen und auf einem Teller abkühlen lassen. Den Brokkoli in sehr kleine Röschen teilen und in kochendem Salzwasser blanchieren. Abgießen, unter kaltem Wasser abschrecken und abtropfen lassen.

2 Die Schalotte sowie die Knoblauchzehe schälen und fein hacken. Frischkäse mit Jogurt und Multivitaminsaft verrühren. Brokkoli, Schalotten und Knoblauch unterziehen.

3 Die Brokkolimischung mit Salz und Pfeffer würzen und auf vier Portionsschalen verteilen. Mit Mandelblättchen bestreuen.

Tipp

Servieren Sie dazu Möhren, Sellerie, Zucchini und Gurken. Das Gemüse waschen, nach Bedarf schälen und in breite Stangen schneiden, mit denen Sie gut dippen können.

Sesamkugeln mit Schafskäse

Für 4 Personen **Zubereitungszeit 1 Stunde**

150 g zimmerwarmer Schafskäse • 150 g zimmerwarme Margarine • 250 g Mehl • 2 EL Olivenöl
Zum Bestreichen und Garnieren: 2 frische Eigelbe 1 EL Olivenöl • Etwa 250 g Sesamsamen

1 Den Schafskäse zermusen und mit der Margarine cremig rühren. Das Mehl einarbeiten und das Ganze zu einem glatten Teig verarbeiten.

2 Den Backofen auf 200 °C (Umluft 180 °C, Gas Stufe 3) vorheizen, zwei Backbleche mit Backpapier auslegen und diese mit Olivenöl bestreichen.

3 Mit zwei Teelöffeln, die immer wieder in kaltes Wasser getaucht werden, aus dem Teig Portionsstücke abstechen und zu Kugeln formen. Die Eigelbe mit Olivenöl verrühren und die Teigkugeln damit bestreichen.

4 Den Sesamsamen in eine Schüssel geben und die Teigkugeln darin schwenken oder schütteln. Alle auf das Backblech geben und im vorgeheizten Backofen etwa 20 Minuten backen.

Frühstücks-Kefir

Für 1 Person **Zubereitungszeit 5 Minuten**

1 TL gemischte Kräuter (TK) • 1 TL Tomatenmark
$^1/_2$ l Kefir • Kräutersalz • Schwarzer Pfeffer
1 Spritzer Zitronensaft

1 Kräuter, Tomatenmark und Kefir in ein hohes Gefäß geben. Mit dem Mixer schaumig aufschlagen. Mit Kräutersalz, Pfeffer und Zitronensaft würzen und noch mal gut durchrühren.

2 Das Getränk in ein hohes Glas füllen, gut gekühlt servieren – und den Tag kraftvoll beginnen.

Früchte-Kefir

Für 1 Person **Zubereitungszeit 5 Minuten**

200 g gemischte rote Beeren (Himbeeren, Erdbeeren, Johannisbeeren) • 1 EL Zitronensaft • $^1/_2$ l Kefir
Nach Belieben: Zucker oder Süßstoff

1 Die Früchte waschen, verlesen und putzen. Mit Zitronensaft und Kefir in den Küchenmixer geben und fein pürieren.

2 Den Früchte-Kefir nach Belieben mit Zucker oder Süßstoff süßen und in ein Glas füllen. Gut gekühlt servieren.

Welsh Rarebit

Für 4 Personen **Zubereitungszeit 30 Minuten**

250 g Gloucester- oder Cheddar-Käse • 1 EL Butter
1 TL englisches Senfpulver (ersatzweise 1 ½ TL Dijon-Senf)
½ l Ale (helles englisches Bier) • Salz • Schwarzer Pfeffer
8 Scheiben Grahambrot

1 Den Käse reiben und in eine hitzebeständige Schüssel geben. Die Schüssel in ein heißes Wasserbad stellen und den Käse unter ständigem Rühren schmelzen. Den Backofen auf 200 °C (Umluft 180 °C, Gas Stufe 3) mit Grillstufe vorheizen.

2 Nach und nach die Butter, das Senfpulver sowie das Bier einrühren. Die Käsecreme mit Salz und Pfeffer würzen.

3 Die Brotscheiben toasten und auf ein Backblech legen. Die Scheiben mit Käsecreme bestreichen und in 5 bis 8 Minuten überbacken.

Tipp

Dieser englische Käsetoast ist ein leckerer kleiner Imbiss, dazu trinkt man natürlich Ale.

Wenn Sie warmen, cremig flüssigen Käse gerne mögen, so haben Sie außer dem hier genannten Rezept noch vielfältige Zubereitungsmöglichkeiten: Verwenden Sie Ihren Lieblingskäse – am besten ist ein Käse mit einer hohen Fettstufe, damit das Ergebnis schön cremig wird. Den Käse reiben, raffeln oder fein würfeln und schmelzen lassen, dabei nach und nach Flüssigkeit einrühren, wie z. B. süßen oder trockenen Weißwein, Bier oder auch Sahne. Nach Geschmack mit 1 Teelöffel Tomatenmark, 1 Teelöffel gemischten gehackten Kräutern oder mit etwas Currypulver, Cayennepfeffer, geschrotenem Pfeffer oder Paprikapulver würzen. Wenn Sie es asiatisch scharf mögen, können Sie die Käsecreme auch mit thailändischer Currypaste würzen – diese ist jedoch sehr vorsichtig zu dosieren. Geben Sie den warmen Käse in eine Portionsschale, dazu gibt es Grissini oder Tortilla-Chips, die man in den Käse dippen kann. Oder Sie reichen Baguette dazu, das mit dem Käse bestrichen wird.

Katerfrühstück mit Kefirgelee

Für 4 Personen

Zubereitungszeit 30 Minuten
Kühlzeit 2 Stunden

6 Blätter weiße Gelatine • 1/2 l Kefir • 1/2 l Gemüsebrühe
1 TL gemischte Kräuter (TK) • Salz • Schwarzer Pfeffer
1 Spritzer Tabasco • 250 g Schillerlocken • 250 g Nordseekrabben
150 g Vollmilchjogurt

1 Die Gelatineblätter in kaltem Wasser einweichen. Kefir mit Gemüsebrühe und Kräutern verrühren. Mit Salz, Pfeffer und Tabasco würzen.

2 Die Gelatine ausdrücken und tropfnass in der Mikrowelle oder in einem kleinen Topf schmelzen. Anschließend unter die Kefirbrühe ziehen.

3 Vier Portionsförmchen großzügig mit Klarsichtfolie auslegen, den Kefir einfüllen und mit Folienenden bedecken. Zum Festwerden für etwa 2 Stunden in den Kühlschrank stellen.

4 Die Schillerlocken in Scheibchen schneiden und mit den Nordseekrabben sowie mit dem Jogurt locker vermengen.

5 Die Gelees an den Rändern der Förmchen mit einem spitzen Messer lösen und auf kleine Teller stürzen. Die Folie entfernen und den Fischjogurt um die Törtchen herum anrichten und servieren.

Tipp

Wenn Gelatine in eine kalte Masse gegeben wird, bilden sich leicht Klümpchen. Dies verhindern Sie, indem Sie die Temperatur langsam angleichen: Verrühren Sie zunächst 2 bis 3 Esslöffel von der Kefirbrühe mit der aufgelösten Gelatine. Dann rühren Sie diese Mischung unter den restlichen Kefir.

Käsekipferl mit Schnittlauchquark

Für 4 Personen **Zubereitungszeit 1 Stunde**

100 g Butter • Salz • 200 g Mehl • 150 g weicher Brie • 4 Eier
Zum Bestreichen und Bestreuen: 1 Eigelb • 1 TL flüssige Butter
80–100 g Gouda oder Parmesan
Für den Quark: 1 Bund Schnittlauch • 250 g Sahnequark

1 ½ Liter Wasser mit Butter und Salz aufkochen. Den Topf vom Herd ziehen und zügig das Mehl unterrühren. Den Topfinhalt rühren, bis sich ein Kloß vom Topfboden löst. Eventuell den Topf zwischendurch noch einmal kurz auf die Herdplatte stellen.

2 Den Brie klein schneiden und zusammen mit 1 Ei unter den Brandteig rühren. Nach und nach die restlichen Eier unterrühren. Es soll ein glatter Teig entstehen; abkühlen lassen.

3 Den Backofen auf 200 °C (Umluft 180 °C, Gas Stufe 3) vorheizen und ein Backblech mit Backpapier auslegen. Den Teig in eine Spritztüte füllen und Kipferl auf das Blech aufspritzen. Das Eigelb mit der flüssigen Butter mischen und die Kipferl damit bestreichen. Den Käse reiben und auf die Kipferl streuen.

4 Das Backblech in den Ofen schieben und die Kipferl in etwa 35 Minuten goldbraun backen. Inzwischen den Schnittlauch waschen, trockentupfen und in Röllchen schneiden. Mit dem Sahnequark verrühren und mit Salz und Pfeffer würzen.

5 Die gebackenen Käsekipferl aus dem Backofen nehmen und abkühlen lassen. Quer aufschneiden, mit Schnittlauchquark füllen und wieder zusammensetzen. Restlichen Quark dazu reichen.

Tipp

So falten Sie selbst eine Spritztüte: Ein Papierdreieck zu einer Tüte einrollen, die Masse einfüllen, die Tüte stramm aufrollen und die Spitze abschneiden.

Ziegenkäseparfait mit Zucchinischaum

Für 4 Personen

Zubereitungszeit 30 Minuten
Kühlzeit 2 Stunden

4 Blätter weiße Gelatine • 200 g Sahne
1 Knoblauchzehe • 4 Stängel Dill • 100 g Ziegenkäse
150 g saure Sahne • Salz • Schwarzer Pfeffer • 200 g Zucchini
100 g Vollmilchjogurt • 100 g saure Sahne • 1 TL Zitronensaft
Außerdem: Curry zum Bestäuben

1 Die Gelatine in kaltem Wasser einweichen. Die Sahne steif schlagen. Die Knoblauchzehe schälen und durch eine Presse drücken. Den Dill waschen, von den Stängeln zupfen und fein hacken.

2 Den Ziegenkäse zerkleinern und mit der sauren Sahne glatt rühren. Mit Salz, Pfeffer und Dill würzen. Die Gelatine tropfnass in der Mikrowelle oder in einem kleinen Töpfchen auflösen und unter den Quark rühren. Zuletzt die Hälfte der geschlagenen Sahne unterheben.

3 Vier Portionsförmchen mit kaltem Wasser ausspülen und die Käsemasse einfüllen. Die Parfaits zum Festwerden für etwa 2 Stunden in den Kühlschrank stellen.

4 Inzwischen die Zucchini waschen und klein schneiden. Zucchini mit Vollmilchjogurt, saurer Sahne und Zitronensaft im Küchenmixer pürieren. Mit Salz und Pfeffer würzen und zuletzt die restliche Sahne unterheben.

5 Die Parfaits an den Rändern mit einem spitzen Messer lösen und auf kleine Teller stürzen. Rundherum den Zucchinischaum geben und alles mit Currypulver bestäuben.

Tipp

Dies ist ein köstlicher kleiner Gruß aus der Küche. Reichen Sie zu dem Ziegenkäseparfait mit Zucchinischaum kräftiges Bauernbrot und ein Schälchen gemischte Oliven.

Käseknusper mit Frischkäse

Für 4 Personen

Zubereitungszeit 1 Stunde
Kühlzeit 30 Minuten

100 g Emmentaler oder Gouda • 100 g Mehl
100 g kalte Butterstückchen • 1 Eigelb
Für den Frischkäse: 1 Bund glatte Petersilie • 150 g Frischkäse • 100 g saure Sahne • Salz • Schwarzer Pfeffer
1 Msp. Muskat • 1 Prise Kümmel

1 Den Käse fein reiben. Aus Käse, Mehl, Butterstückchen und Eigelb einen glatten Teig kneten. Den Teig in Folie wickeln und für 30 Minuten in den Kühlschrank stellen.

2 Den Backofen auf 200 °C (Umluft 180 °C, Gas Stufe 3) vorheizen und ein Backblech mit Backpapier auslegen. Die Petersilie waschen, die Blättchen von den Stängeln zupfen und fein hacken. Mit dem Frischkäse und der sauren Sahne verrühren, mit Salz, Pfeffer, Muskat und Kümmel würzen.

3 Den Teig auf einer bemehlten Arbeitsfläche ausrollen und Plätzchen ausstechen – die Form ist beliebig. Sie können Ausstecher verwenden, aber auch runde Plätzchen mit einem kleinen Glas ausstechen. Die Plätzchen auf das Backblech legen und in etwa 15 Minuten goldgelb backen.

4 Die fertigen Kekse aus dem Backofen nehmen und auf einem Kuchengitter auskühlen lassen. Auf die Hälfte der Kekse Frischkäse streichen und die andere Hälfte darauf setzen.

Safran-Scampi mit Crème fraîche

Für 4 Personen **Zubereitungszeit 30 Minuten**

8 geschälte Riesengarnelen • 1 EL trockener Sherry • 1 Döschen gemahlener Safran • Salz • Schwarzer Pfeffer • 4 Frühlingszwiebeln • 1 Knoblauchzehe • 3 Stängel Estragon 200 g Kräuter-Crème-fraîche • 100 g saure Sahne • 3 EL Olivenöl
Außerdem: 12 Holzspieße

1 Die Riesengarnelen längs halbieren und dabei entdarmen, dann waschen und mit Küchenpapier trockentupfen. Sherry mit der Hälfte des Safrans verrühren und mit den Riesengarnelen vermengen. Mit Salz und Pfeffer würzen.

2 Die Frühlingszwiebeln putzen und vierteln. Abwechselnd mit den Garnelen auf die Spieße stecken.

3 Die Knoblauchzehe schälen und fein würfeln. Den Estragon waschen, die Blättchen von den Stängeln zupfen und fein hacken. Die Crème fraîche mit saurer Sahne, Knoblauch und Estragon verrühren. Mit Salz, Pfeffer und dem restlichen Safran würzen.

4 Das Olivenöl in einer großen Pfanne erhitzen und darin die Scampi-Spieße von allen Seiten 2 bis 3 Minuten braten. Je drei Spieße auf einen Teller legen und löffelweise mit der Crème fraîche überziehen.

Variante

Sie können die Scampis auch überbacken, anstatt Spieße daraus zu machen. Dazu schneiden Sie die Scampis zu »Schmetterlingen«, indem Sie sie am Rücken entlang so ein- und durchschneiden, dass sie gerade noch zusammenhängen, aber auseinandergeklappt eine Art Schmetterlingsform haben. Die Scampis mit Knoblauch, Frühlingszwiebeln und Estragon in eine mit Olivenöl ausgestrichene Auflaufform geben. 250 Gramm Vollmilchjogurt mit 1 Döschen gemahlenem Safran sowie 1 Esslöffel Olivenöl verrühren und mit Salz und Pfeffer würzen. Den Inhalt der Auflaufform damit löffelweise überziehen und die Scampis im Backofen in etwa 20 Minuten überbacken.

Orientalische Jogurtsuppe

Für 4 Personen **Zubereitungszeit 30 Minuten**

**4 frische Minzezweige • 1 l Hühnerbrühe • 50 g Langkornreis
200 g Vollmilchjogurt • 2 EL Olivenöl • 1 TL Mehl • Salz
Schwarzer Pfeffer • 1 Prise gemahlener Kreuzkümmel
Je 1 Prise Paprikapulver rosenscharf und edelsüß**

1 Die Minzezweige waschen, die Blättchen in Streifen schneiden. Die Hühnerbrühe aufkochen, den Reis einstreuen und 10 Minuten garen lassen.

2 Jogurt mit Olivenöl, Mehl und etwas Hühnerbrühe glatt rühren. Den Topf vom Herd ziehen und diese Mischung heftig schlagen. Mit Salz, Pfeffer, Kreuzkümmel und Paprika würzen. Die Suppe auf Suppentellern verteilen und mit Minze bestreut servieren.

Entenfleisch im Jogurtlöffel

Für 12 (asiatische) Porzellanlöffel **Zubereitungszeit 30 Minuten**

**400 g Entenbrustfilet • Schwarzer Pfeffer • 3 EL Pflanzenöl
Salz • 2 EL Aprikosenmarmelade • 200 g Vollmilchjogurt
1 EL Mango-Chutney • 1 Prise Curry**

1 Das Entenbrustfilet in schmale Streifen schneiden und mit Pfeffer würzen. Das Pflanzenöl erhitzen und das Fleisch von allen Seiten 2 Minuten braten. Herausnehmen, in eine Schüssel legen und mit Salz würzen.

2 Die Aprikosenmarmelade erhitzen und flüssig rühren. Anschließend mit den Fleischstreifen vermengen und in 12 Porzellanlöffel oder Schälchen füllen. Den Jogurt mit Chutney und Curry verrühren, mit Salz und Pfeffer würzen und auf den Fleischportionen verteilen.

Lammhaschee im Salatblatt

Für 4 Personen **Zubereitungszeit 40 Minuten**

**1 getrocknete Chilischote • 1 große Zwiebel • ½ Bund glatte Petersilie
5 EL Olivenöl • 500 g Lammhackfleisch • Salz • Schwarzer Pfeffer
1 TL gemahlener Kreuzkümmel • ½ TL zerstoßene Korianderkörner
1 TL gerebelter Oregano • 100 ml Fleischbrühe • 4 Knoblauchzehen
300 g Vollmilchjogurt • Je ½ TL Paprikapulver edelsüß und
rosenscharf • 12 Blätter Römersalat**

1 Die Chilischote zerbröseln. Die Zwiebel schälen und fein würfeln. Die Petersilie waschen, von den Stängeln zupfen und fein hacken. 3 Esslöffel Olivenöl in einer Pfanne erhitzen und darin die Zwiebelwürfel andünsten.

2 Das Lammhackfleisch hinzufügen und unter Rühren krümelig braten. Mit Chilibröseln, Petersilie, Salz, Pfeffer, Kreuzkümmel, Koriander und Oregano würzen. Brühe angießen und alles bei mittlerer Hitze etwa 15 Minuten garen.

3 Inzwischen die Knoblauchzehen schälen und durch eine Knoblauchpresse zum Jogurt drücken. Paprikapulver mit 2 Esslöffeln Olivenöl verrühren. Die Salatblätter waschen und trocken schwenken.

4 Das Lammhaschee portionsweise auf die Salatblätter verteilen und mit Jogurt überziehen. Das Paprikaöl darüberträufeln.

Tipp

Anstatt Lammhackfleisch können Sie für das Haschee auch andere Hackfleischsorten verwenden.

Cacik mit Döner

Für 4 Personen (als Vorspeise) **Zubereitungszeit 30 Minuten**

400 g mageres Kalbfleisch • Salz • Schwarzer Pfeffer
$^1/_2$ TL Kreuzkümmel • 1 große Zwiebel • 4 Blätter Kopfsalat
Für das Cacik: 1 Salatgurke • 5 Stängel Dill • 4 Knoblauchzehen
250 g Vollmilchjogurt • Salz • Schwarzer Pfeffer
Außerdem: 3 EL Pflanzenöl • 100 g grüne Oliven
1 frisches Fladenbrot

1 Das Kalbfleisch in sehr feine Scheibchen schneiden und mit Salz, Pfeffer und Kreuzkümmel würzen. Die Zwiebel schälen, halbieren und in Streifen schneiden. Die Kopfsalatblätter waschen, trocken schwenken und in Streifen schneiden.

2 Für das Cacik die Salatgurke schälen, entkernen, auf einer Küchenreibe fein reiben und den Gurkensaft ausdrücken. Den Dill waschen, von den Stängeln zupfen und fein hacken. Die Knoblauchzehen schälen und durch eine Knoblauchpresse zum Jogurt drücken. Gurke und Dill unter den Jogurt ziehen. Mit Salz und Pfeffer würzen.

3 Das Pflanzenöl in einer Pfanne erhitzen und darin die Fleischscheibchen von allen Seiten scharf braten.

4 Die Oliven in Ringe schneiden. Das Fladenbrot in vier Stücke schneiden, die Viertel tief einschneiden und jedes Viertel mit Cacik, Salat, Fleisch, Zwiebeln und Oliven füllen.

Tipp

Sie können die Brote außerdem mit allem belegen, was Ihnen dazu schmeckt. Statt grüner Oliven können Sie auch schwarze Oliven nehmen, hier müssen Sie aber auch auf die Steine achten. Außerdem passen in Scheiben geschnittene Tomaten, in Streifen geschnittener Weißkohl oder auch Rotkohl dazu. Wenn Sie mögen, verwenden Sie statt einer normalen eine Gemüsezwiebel, diese ist ein wenig milder.

Schafskäse mit Oliven-Jogurt

Für 4 Personen **Zubereitungszeit 20 Minuten**

500 g Schafskäse (Feta)
Für den Oliven-Jogurt: $1/2$ Bund glatte Petersilie • 2 Knoblauchzehen
200 g schwarze und grüne Oliven • 100 g Vollmilchjogurt
3 EL Olivenöl • Saft von $1/2$ Zitrone • Salz • Schwarzer Pfeffer
Außerdem: 1 unbehandelte Zitrone

1 Den Schafskäse in dünne Scheiben schneiden und auf vier Tellern anrichten. Die Petersilie waschen, von den Stängeln zupfen und fein hacken. Die Knoblauchzehen schälen und fein würfeln. Die Oliven entsteinen, klein schneiden und mit der Petersilie, den Knoblauchzehen, dem Jogurt, dem Olivenöl sowie dem Zitronensaft verrühren. Mit Salz und Pfeffer würzen.

2 Den Oliven-Jogurt löffelweise über den Schafskäse geben. Die Zitrone waschen, halbieren und die Hälften in Scheiben schneiden. Die Teller mit den Zitronenscheiben garnieren.

Tipp

Für dieses Rezepte sollten Sie einen kräftigen Schafskäse verwenden, sonst wird der Geschmack vom Oliven-Jogurt überdeckt. Wenn Sie Feta im Supermarkt kaufen, achten Sie auf das Etikett: Feta ist meist aus Kuhmilch hergestellt, dieser Käse schmeckt milder als der echte Schafskäse. In türkischen Läden finden Sie eine große Auswahl, dort können Sie die verschiedenen Sorten meist auch probieren.

Ziegenkäse mit Trauben

Für 4 Personen **Zubereitungszeit 30 Minuten**

500 g Ziegen-Camembert • 8 EL Walnussöl • 250 g blaue und weiße Weintrauben • 1/8 l Rotwein • 1 EL Zucker • Je 1 rote und grüne Paprikaschote • 200 g Sahnequark • 1 EL Johannisbeerkonfitüre
Außerdem: Grob geschrotener schwarzer Pfeffer aus der Mühle

1 Den Camembert in dünne Scheibchen schneiden und auf vier Teller verteilen. Den Käse mit Walnussöl breitflächig beträufeln. Die Weintrauben waschen, abperlen und je nach Größe halbieren. Wenn nötig, die Trauben auch entkernen.

2 Den Rotwein mit Zucker aufkochen und die Trauben einlegen. Bei mittlerer Hitze 5 Minuten leise kochen lassen.

3 Die Paprikaschoten waschen, entkernen und in kleine Stücke schneiden. Paprikastückchen mit Sahnequark und Johannisbeerkonfitüre verrühren.

4 Die noch warmen Weintrauben mit etwas Sud über den Käse geben. Den Paprikaquark jeweils auf die Mitte der Teller setzen. Alles großzügig mit grob geschrotenem Pfeffer bestreuen.

Tipp

Statt Ziegenkäse können Sie für dieses Rezept auch einen anderen würzigen Käse verwenden, die Auswahl ist groß. Wenn Sie die Gelegenheit haben, versuchen Sie einen Brie namens Coulommiers, einen Brie de Melun oder einen kräftigen Camembert. Aber auch dänischer Blauschimmelkäse wie ein Mycella oder ein Weichkäse wie der Melbury aus England schmecken sehr gut. In Supermärkten finden Sie immer Bavaria blue, Cambozola oder Montagnolo. Als Getränk servieren Sie eisgekühlten Süßwein bzw. Eiswein. Die perlende Süße passt hervorragend zu diesem Käserezept.
Versuchen Sie kleine Sultanatrauben zu bekommen, die sind bereits ohne Kerne und ihre feine Süße passt hervorragend zum Käse. Ein Schälchen mit Feigensenf oder Mango-Chutney rundet das Ganze ab.

Brathähnchen mit Quark gefüllt

Für 4 Personen **Zubereitungszeit 1 Stunde**

2 Hähnchen à 800 g • Salz • Weißer Pfeffer • 1 Ei • 150 g Magerquark • 50 g saure Sahne • 100 g Crème fraîche • 1/2 Bund gemischte Kräuter (Oregano, Kerbel, Petersilie) • 150 g Weißbrot 2 EL Pflanzenöl • 1 EL Butter
Außerdem: 1 EL gehackte Petersilie

1 Die Hähnchen häuten und längs halbieren. Von jeder Hähnchenhälfte die Knochen so entfernen, dass die Fleischhälften zusammenbleiben. Auf jeder Seite mit Salz und Pfeffer würzen.

2 Den Backofen auf 200 °C (Umluft 180 °C, Gas Stufe 3) vorheizen. Das Ei trennen, das Eiweiß zu steifem Schnee schlagen. Den Quark in ein Tuch geben und fest auspressen. Anschließend mit saurer Sahne, Crème fraîche und dem Eigelb verrühren.

3 Die Kräuter waschen, trocken tupfen, die Blättchen von den Stängeln zupfen und fein hacken. Das Weißbrot in kleine Stücke schneiden. Die Kräuter und die Brotstücke unter den Quark rühren und zuletzt das Eiweiß unterziehen. Mit Salz und Pfeffer würzen.

4 Zwei Hähnchenhälften mit der Quarkmasse bestreichen und jeweils die passenden Hälften darauflegen. Mit Küchengarn fest zusammenbinden. Das Pflanzenöl in einem Bräter erhitzen und darin die gefüllten Hähnchen von allen Seiten anbraten.

5 Die Butter hinzufügen, alles einige Minuten weiterbraten und dann in den vorgeheizten Backofen schieben. Die Hähnchen etwa 40 Minuten garen, wobei nach der Hälfte der Garzeit die Hitze auf 160 °C (Umluft 140 °C, Gas Stufe 1–2) reduziert werden sollte.

6 Die fertigen Hähnchen aus dem Ofen nehmen und 5 bis 8 Minuten ruhen lassen. Dann quer in Scheiben aufschneiden und auf Tellern anrichten. Mit Petersilie bestreuen.

Weiße Bohnensuppe

Für 4 Personen

Zubereitungszeit 30 Minuten

1/2 Bund Suppengrün • 1 kleine Zwiebel • 2 Knoblauchzehen • 4 Fleischtomaten • 500 g gegarte weiße Bohnen (Dose oder Glas) 50 g geräucherter Speck • 2 EL Pflanzenöl • Je 1/2 TL Paprikapulver edelsüß und rosenscharf • Salz • Schwarzer Pfeffer • 1/2 TL gerebeltes Bohnenkraut • 1 l Fleisch- oder Gemüsebrühe • 250 g saure Sahne

1 Das Suppengrün putzen und waschen. Den Lauch in dünne Streifen schneiden. Sellerie und Möhre schälen und klein würfeln. Die Zwiebel und die Knoblauchzehen schälen und fein würfeln. Die Fleischtomaten blanchieren, häuten, entkernen und klein würfeln.

2 Die Bohnen in einem Sieb abtropfen lassen. Den Speck fein würfeln. Das Pflanzenöl in einem Topf erhitzen und darin die Speckwürfel sowie das vorbereitete Gemüse unter Rühren andünsten.

3 Das Gemüse mit Paprikapulver, Salz, Pfeffer und Bohnenkraut würzen. Mit Brühe aufgießen und die Bohnen einrühren. Nach dem ersten Aufkochen die Suppe etwa 15 Minuten garen lassen.

4 Die Suppe nochmals abschmecken und den Topf vom Herd ziehen. Die saure Sahne einrühren und die Suppe servieren.

Cremiges Kartoffelsüppchen auf Käsetoasties

Für 4 Personen **Zubereitungszeit 40 Minuten**

1 kleine Zwiebel • 2 Möhren • 150 g Knollensellerie
500 g Kartoffeln • 2 EL Pflanzenöl • 1 TL Butter • 1 l Gemüsebrühe
Salz • Schwarzer Pfeffer • 200 g Sahne • 100 g Crème double
Für die Toasties: 4 entrindete Toastscheiben • 1 TL Butter
100 g Emmentaler Außerdem: 1 EL gehackte Petersilie

1 Den Backofen auf 200 °C (Umluft 180 °C, Gas Stufe 3) vorheizen. Zwiebel, Möhren und Knollensellerie schälen und fein würfeln. Die Kartoffeln schälen und in etwa 1 Zentimeter große Würfel schneiden. Pflanzenöl und die Hälfte der Butter in einem Topf erhitzen.

2 Unter ständigem Rühren das vorbereitete Gemüse andünsten, dann mit Gemüsebrühe aufgießen. Mit Salz und Pfeffer würzen und das Ganze bei mittlerer Hitze etwa 20 Minuten kochen lassen. Für die Toasties die Toastscheiben mit Butter bestreichen. Den Käse fein reiben und auf die Toastscheiben streuen.

3 Die Toastscheiben auf ein Backblech legen und im Backofen in 5 bis 8 Minuten überbacken. Die Suppe mit Sahne und Crème double verrühren und alles mit einem Mixstab grob oder fein pürieren.

4 Die Käsetoasties aus dem Ofen nehmen und jeweils in vier Stücke schneiden. Diese in vorgewärmte, tiefe Teller legen und mit der cremigen Suppe begießen. Alles mit Petersilie bestreuen.

Tipp

Das Kartoffelsüppchen können Sie auch mit anderen Gemüsesorten variieren. Beispielsweise eignet sich Kohlrabi sehr gut zum Mitkochen, dann können Sie Möhren und Knollensellerie durch einen Bund Suppengrün ersetzen. Lauch schmeckt in diesem Süppchen ebenfalls sehr lecker. Im Herbst sollten Sie es einmal mit Kürbis versuchen – dann lassen Sie Möhren und Knollensellerie ganz weg, die Gemüsebrühe gibt genug Würze.

Zander in Teigtäschchen

Für 4 Personen — **Zubereitungszeit 1 Stunde**

200 g Mehl • Salz • 3 Eier • 1 TL Pflanzenöl
200 g frisches Zanderfilet ohne Haut und Gräten • 100 g Sahne
50 g Crème fraîche • Saft von 1/2 Zitrone • Salz • Weißer Pfeffer
1 l Gemüse- oder Fischbrühe
Zum Servieren: 1 EL gehackte Petersilie

1 Aus Mehl, Salz, 2 Eiern, Pflanzenöl und etwa 2 Esslöffeln lauwarmem Wasser einen glatten Teig kneten. Diesen mit Mehl bestäuben und zugedeckt etwa 30 Minuten ruhen lassen.

2 Das Zanderfilet waschen, mit Küchenpapier trocken tupfen und in kleine Stücke schneiden. Mit Sahne im Mixer fein pürieren. Das verbliebene Ei trennen. Das Eiweiß mit der Sahnemasse, mit Crème fraîche und Zitronensaft zu einer geschmeidigen Masse rühren. Mit Salz und Pfeffer würzen und zugedeckt in den Kühlschrank stellen.

3 Den Teig auf einer bemehlten Arbeitsfläche dünn ausrollen und mit einem Teigrädchen Rechtecke von etwa 4 x 10 Zentimeter ausschneiden. Auf die Teighälften jeweils einen Löffel Fischteig geben.

4 Das Eigelb verquirlen und die Teigränder damit bestreichen. Die oberen Teighälften über die Füllung klappen und die Ränder fest zusammendrücken. Die Teigtäschchen in siedendes Salzwasser geben und in etwa 15 Minuten gar ziehen lassen.

5 Die Gemüse- oder Fischbrühe erhitzen und die fertigen Teigtäschen für einige Minuten einlegen. Die Suppe auf Teller verteilen und mit Petersilie bestreut servieren.

Tipp

Ganz nach Belieben können Sie zusätzlich Gemüsestreifen von Möhren, Kohlrabi, Zucchini und Paprika mitgaren.

Indisches Hühnersüppchen

Für 4 Personen **Zubereitungszeit 30 Minuten**

1 große Zwiebel • 2 cm frische Ingwerwurzel • 300 g Hühnerbrustfilet
1 EL Ghee (oder geklärte Butter) • 1 TL zerstoßene Korianderkörner
½ TL gemahlener Kreuzkümmel • 1 Msp. Cayennepfeffer
½ TL Kurkuma • 150 g Vollmilchjogurt • ½ l Gemüsebrühe
2 Gewürznelken • 50 g Langkornreis • Salz • Schwarzer Pfeffer

1 Die Zwiebel und den Ingwer schälen und fein würfeln. Das Hühnerbrustfilet häuten und in sehr schmale Streifen schneiden. Das Fett in einem Topf erhitzen und darin Zwiebel- und Ingwerwürfel andünsten.

2 Koriander, Kreuzkümmel, Cayennepfeffer und Kurkuma einrühren und nach 1 Minute die Fleischstreifen hinzufügen. So lange rühren, bis das Fleisch von den Gewürzen überzogen ist. Den Jogurt einrühren und nach und nach die Gemüsebrühe zugießen.

3 Sobald die Suppe kurz vor dem Kochen ist, Gewürznelken und Reis einrühren. Die Suppe bei mittlerer Hitze etwa 15 Minuten offen kochen lassen. Mit Salz und Pfeffer würzen und servieren.

Tipp

In der indischen Küche gibt es viele warme und heiße Gerichte mit Jogurt. Einer der Gründe dafür mag sein, dass in der indische Küche sehr viel Chili verwendet wird und sie daher sehr scharf ist. Die Schärfe, die in den Chilischoten im ätherischen Öl als Capsaicin sitzt, ist nicht wasserlöslich. Vielmehr lässt sie sich nur durch Milchprodukte wie z. B. Jogurt löschen. Es ist sicher kein Zufall, dass das Nationalgetränk der Inder ein Jogurtgetränk ist: Lassie ist eine Mischung aus Jogurt, Eiswasser und Gewürzen. Es ist sehr erfrischend, wird aber auch gerne als besänftigender Trunk zu scharfen Gerichten serviert. Machen Sie es den Indern nach, und essen Sie einfach etwas Jogurt, wenn Ihnen die Suppe ein bisschen zu scharf geraten sein sollte. Sie können zu viel Schärfe natürlich auch schon im Vorfeld neutralisieren, indem Sie vor dem Servieren noch mehr Jogurt in die Suppe rühren.

Jogurt-Gurkensuppe mit Grönlandkrabben

Für 4 Personen **Zubereitungszeit 30 Minuten**

1 große Salatgurke • Salz • 5 Stängel Dill • 300 g Vollmilchjogurt
100 g saure Sahne • Saft von 1/2 Zitrone • Schwarzer Pfeffer
250 g gepulte Grönlandkrabben • 1 EL trockener Sherry
Nach Belieben: Tomatenwürfel und Croutons

1 Die Salatgurke schälen, halbieren und in grobe Stücke schneiden. In eine Schüssel legen, salzen und kurz stehen lassen.

2 Den Dill waschen, die Blättchen von den Stängeln zupfen und fein hacken. Mit Jogurt, saurer Sahne, Zitronensaft und Gurkenstückchen in den Mixer geben und pürieren. Mit Pfeffer würzen, mit Folie abdecken und für 15 Minuten in den Gefrierschrank stellen.

3 Die Grönlandkrabben mit Sherry vermengen und in Suppenschalen verteilen. Mit der geeisten Gurkensuppe aufgießen. Nach Belieben mit Tomatenwürfeln und Croutons bestreuen.

Tipp

Krönen Sie die Suppe mit Currysahne: Einfach etwas Schlagsahne mit Currypulver würzen und je einen Klecks auf die Suppe geben.
Diese köstliche, kalte und vitaminreiche Suppe eignet sich hervorragend zum Variieren. Frittieren Sie z. B. ein paar Zucchinischeibchen, Möhrenscheibchen oder Auberginenwürfel und verwenden Sie diese als »wärmende Einlage«. Probieren Sie auch einmal Petersilie oder Salbeiblättchen zu frittieren, und überraschen Sie Ihre Gäste damit.

Artischocken mit Quarkdip

Für 4 Personen **Zubereitungszeit 40 Minuten**

**4 frische Artischocken • 1 Zitrone in Scheiben • Salz • 2 Eier
½ Bund Kerbel • 1 kleine Zwiebel • 150 g Sahnequark • 50 g Sahne
50 g Crème fraîche • ½ TL Dijon-Senf • 1 EL Sherryessig • Pfeffer**

1 Die Artischocken waschen und am Stielansatz plan schneiden. Darauf eine Zitronenscheibe geben und die Artischocken mit Garn fest umbinden, damit sie beim Kochen nicht aus der Form kommen. Die Artischocken in kochendes Salzwasser geben und bei mittlerer Hitze in etwa 20 Minuten gar kochen. Sobald sich ein Blatt locker lösen lässt, sind sie fertig.

2 Inzwischen die Eier in 10 Minuten hart kochen. Abschrecken, schälen und klein schneiden. Den Kerbel waschen, von den Stängeln zupfen und fein hacken. Die Zwiebel schälen und fein würfeln.

3 Den Sahnequark mit Sahne, Crème fraîche, Dijon-Senf und Sherryessig glatt rühren. Die Eierstücke unterziehen und alles mit Salz und Pfeffer würzen. Den Dip auf vier kleine Schälchen verteilen.

4 Je eine gekochte Artischocke auf einen Teller geben, Blätter herauszupfen, mit der Ansatzseite dippen und das Artischockenfleisch mit den Zähnen herausziehen.

Tipp

Zum Dippen von Gemüse können Sie quer durch die Milch- und Sahnetheke Ihren Gelüsten frönen. Es gibt zahlreiche Frischkäsezubereitungen mit den unterschiedlichsten Geschmacksvarianten, die zur Grundlage eines Dips ideal sind. Verrühren Sie z. B. einfach 100 Gramm Frischkäse mit Meerrettich mit 100 Gramm saurer Sahne und 100 Gramm Kräuter-Crème-fraîche. Oder Sie mischen 50 Gramm geröstete Pinienkerne mit ½ Bund gehackter Petersilie, 100 Gramm Frischkäse und 100 Gramm geschlagener Sahne. Mit Salz und Pfeffer würzen. Sie können auch Mascarpone mit 4 Esslöffeln Multivitaminsaft, Currypulver, Salz, Pfeffer und Cayennepfeffer verrühren.

Cremiges Jogurt-Dressing

Für 4 Personen **Zubereitungszeit 10 Minuten**

1 Bund Schnittlauch • 1 Knoblauchzehe • 100 g Vollmilchjogurt
50 g Crème fraîche • 100 g saure Sahne • 2 EL Olivenöl
1 TL Zitronensaft • Salz • Schwarzer Pfeffer

1 Den Schnittlauch säubern und in Röllchen schneiden. Die Knoblauchzehe schälen und fein würfeln.

2 Jogurt, Crème fraîche, saure Sahne, Olivenöl und Zitronensaft gründlich verrühren. Schnittlauchröllchen und Knoblauch unterrühren und das Dressing mit Salz und Pfeffer würzen.

Gorgonzola-Sauce

Für 4 Personen **Zubereitungszeit 5 Minuten**

150 g Gorgonzola (oder ein anderer Schimmelkäse)
50 g Sahne • 2 EL Olivenöl • Salz
Schwarzer Pfeffer • Etwas abgeriebene Zitronenschale

1 Den Gorgonzola in eine Schüssel geben. Die Sahne zugießen und alles mit einer Gabel fein zerdrücken.

2 Olivenöl, Salz, Pfeffer und Zitronenschale zu der Käsecreme geben und alles gut verrühren.

Grünes Mascarpone-Dressing

Für 4 Personen **Zubereitungszeit 10 Minuten**

1 Schalotte • ½ Bund gemischte Kräuter • 100 g Mascarpone
150 g Sahne • 1 TL Zitronensaft • Salz • Schwarzer Pfeffer

1 Die Schalotte schälen und fein würfeln. Die Kräuter waschen und trocken tupfen, die Blättchen von den Stängeln zupfen und fein hacken.

2 Die Mascarpone in eine Schüssel geben und mit Sahne und Zitronensaft glatt rühren. Schalottenwürfel und Kräuter unterziehen. Das Dressing mit Salz und Pfeffer würzen.

Rosa Frischkäse-Dressing

Für 4 Personen **Zubereitungszeit 5 Minuten**

5 Stängel glatte Petersilie • 50 g Doppelrahmfrischkäse
150 g Sahne • 1 EL Mayonnaise • 1 EL Tomatenketchup
Salz • Schwarzer Pfeffer

1 Die Petersilie waschen und trocken tupfen. Die Blättchen von den Stängeln zupfen und fein hacken.

2 Doppelrahmfrischkäse mit Sahne, Mayonnaise und Tomatenketchup verrühren. Mit Salz und Pfeffer würzen und zum Schluss die gehackte Petersilie unterziehen.

Erdnusssalat mit Johannisbeeren

Für 4 Personen **Zubereitungszeit 30 Minuten**

½ Bund glatte Petersilie • 1 kleiner Chinakohl • 250 g frische Sojabohnensprossen • 100 g ungesalzene Erdnüsse • 300 g Vollmilchjogurt Saft von ½ Orange • Salz • Schwarzer Pfeffer • 1 Prise Cayennepfeffer 1 Prise Zucker • 250 g rote und weiße Johannisbeeren

1 Die Petersilie waschen, die Blättchen von den Stängeln zupfen und fein hacken. Den Chinakohl putzen, den Strunk entfernen, die Blätter waschen und in Streifen schneiden. Die Sojabohnensprossen waschen und in einem Sieb abtropfen lassen.

2 Die Erdnüsse in ein Küchentuch wickeln und mit dem Fleischklopfer zerkleinern. Mit dem Jogurt und dem Orangensaft verrühren, mit Salz, Pfeffer, Cayennepfeffer und Zucker würzen.

3 Die Johannisbeeren waschen und mit einer Gabel von den Stielen lösen. In einer Schüssel alle Zutaten locker vermengen.

Variationen

Bei diesem Rezept gibt es viele Variationen der Zubereitung. Sie können für das Dressing z. B. anstatt Vollmilchjogurt Mascarpone, Jogurt und saure Sahne zu gleichen Teilen mischen. Oder Sie verwenden saure Sahne in Kombination mit gerösteten Pinienkernen.
Besonders in der Beerensaison können Sie in Beeren schwelgen: Brombeeren, Erdbeeren, schwarze, rote oder weiße Johannisbeeren – zu dem Rezept passen alle Sorten, sie können solo oder gemischt verwendet werden. Zusätzlich kann man auch ganz nach Geschmack Zucchini, Möhren und gebratene Auberginenwürfel in den Salat mischen. Falls Sie keine frische Orange zur Hand haben, können Sie auch Orangen- oder Multivitaminsaft aus der Flasche verwenden.
Ungesalzene Erdnüsse bekommen Sie bereits geschält in Asienläden, da diese in der asiatischen Küche viel verwendet werden. Ansonsten können Sie Erdnüsse mit Schale kaufen und schälen.

Bavaria-blue-Spinat

Für 4 Personen **Zubereitungszeit 20 Minuten**

1 Schalotte • 1 Knoblauchzehe • 1 kg frischer junger Spinat (ersatzweise 600 g TK-Blattspinat) • 1 EL Butter • 200 g Crème fraîche 150 g Bavaria blue (oder Bleu-Bresse)

1 Die Schalotte und die Knoblauchzehe schälen und fein würfeln. Den Spinat verlesen, waschen und gründlich abtropfen lassen.

2 Die Butter in einem breiten Topf erhitzen und darin die Schalotten- und Knoblauchwürfel andünsten. Crème fraîche einrühren und darin den zerkleinerten Bavaria blue cremig rühren.

3 Den Spinat vorsichtig unter die Sauce mengen. Sofort in Portionsschalen verteilen.

Tipp

Dieser würzige Spinat schmeckt solo mit z. B. Grissini sehr gut, aber auch als Beilage zu Fisch-, Fleisch- oder Gemüsegerichten.

Dill-Jogurt-Sauce

Für 4 Personen **Zubereitungszeit 10 Minuten**

5 Stängel frischer Dill • 150 g Vollmilchjogurt • 1 TL Zitronensaft Salz • Schwarzer Pfeffer • 1 Schuss Worcestershire Sauce

Den Dill waschen und trocken tupfen, die Blättchen von den Stängeln zupfen und fein hacken. Den Dill mit Jogurt und Zitronensaft verrühren. Mit Salz, Pfeffer und Worcestershire Sauce würzen.

Tipp

Dieses Dressing schmeckt gut zu Salaten mit Meeresfrüchten, es passt aber auch zu bunten Blattsalaten mit Radieschenscheibchen.

Roquefort-Mangold

Für 4 Personen **Zubereitungszeit 40 Minuten**

1 kg Mangold • Salz • 2 EL Butter • 1 TL Mehl • 1/4 l Milch
200 g Sahne • 150 g Roquefort • Salz • Weißer Pfeffer

1 Den Mangold putzen, die weißen Stiele entfernen und die Blätter gründlich waschen. Die Blätter kurz in kochendes Salzwasser legen. Anschließend kalt abbrausen und abtropfen lassen.

2 Den Backofen auf 200 °C (Umluft 180 °C, Gas Stufe 3) vorheizen und eine Auflaufform einfetten. In einem Topf aus Butter und Mehl eine helle Schwitze rühren und diese mit Milch sowie mit Sahne aufgießen. Die Sauce unter ständigem Rühren etwa 5 Minuten leise kochen lassen. Den Käse zerkleinern und in der Sauce cremig rühren.

3 Den Mangold quer in Streifen schneiden und in die Auflaufform legen. Mit Salz und Pfeffer würzen, mit Käsesauce begießen und die Form in den Backofen schieben. Den Mangold etwa 20 Minuten überbacken.

Tipp

Roquefort-Mangold ist ideal als Vorspeise mit entsprechendem Weißwein und Brot dazu. Er passt aber auch ganz hervorragend zu Folienkartoffeln oder zu Grillgerichten.

Fruchtiger Friseésalat

Für 4 Personen **Zubereitungszeit 30 Minuten**

1 Friseésalat • 2 Radicchio • 2 Orangen • 300 g Vollmilchjogurt 250 g Sultanatrauben • 2 cl Cassis (Johannisbeerlikör) • Salz Schwarzer Pfeffer • 50 g Walnusskerne

1 Friseésalat putzen, waschen und in kleine Stücke zupfen. Radicchio putzen, waschen und quer in Streifen schneiden. Die Orangen so schälen, dass auch die weiße Haut entfernt wird. Aus den Fruchtfleischsegmenten Filets herausschneiden. Den Rest auspressen und den Saft in den Jogurt rühren.

2 Die Weintrauben waschen und von den Stielen zupfen. Den Jogurt mit Cassis, Salz und Pfeffer würzen.

3 Die Walnusskerne in ein Küchentuch wickeln und mit dem Fleischklopfer zerkleinern.

4 Salatblätter, Trauben und Orangenfilets in eine Schüssel geben. Das Jogurtdressing darübergießen und alles locker vermengen. Den Salat auf vier Teller verteilen und mit den Walnüssen bestreuen.

Variationen

Cassis, also Johannisbeerlikör, hat man nicht immer vorrätig. Daher mein Rat: Sie können stattdessen auch einfach Preiselbeer- oder Johannisbeerkonfitüre oder Himbeersirup verwenden. Es geht einfach um den Kick Süße, der den Salat so gut schmecken lässt.

Den Friseesalat können Sie auch durch Blattsalate der Saison ersetzen, wie z. B. Lollo Rosso oder Lollo Bionda, Kopfsalatherzen oder Römischen Salat. Hauptsache es ist ein würziger Blattsalat, wobei auch Rucola eine empfehlenswerte Variante ist.

Für das Dressing rühren Sie zur Abwechslung saure Sahne mit 1 Esslöffel Mayonnaise und 2 Esslöffeln Frischkäse an. Auch die Walnusskerne können Sie austauschen: Mandelblättchen oder Pistazien passen ebenfalls – je nachdem, was sich im Küchenschrank befindet.

Käsesalat mit Früchten

Für 4 Personen **Zubereitungszeit 30 Minuten**

300 g Emmentaler Käse • 100 g gekochter Schinken
100 g blaue und helle Weintrauben • 1 Apfel • 1 Birne
Saft von 1/2 Orange • 150 g Vollmilchjogurt • Saft von 1/2 Zitrone
1 Prise Zucker • 1 EL gehackter Dill • Salz • Schwarzer Pfeffer
Für die Garnitur: 50 g gehackte Walnüsse

1 Den Käse und den Schinken in gleichmäßig dünne Streifen schneiden. Die Weintrauben entstielen, waschen und trocken tupfen. Den Apfel und die Birne schälen, entkernen und in feine Streifen schneiden. Alle vorbereiteten Zutaten in einer Schüssel mit dem Orangensaft mischen.

2 Den Jogurt mit Zitronensaft, Zucker, Dill, Salz und Pfeffer verrühren. Das Dressing über den Salat gießen und alles locker vermengen. Die Walnüsse über den Salat streuen.

Tipp

Einen Käsesalat können Sie als »positive Resteverwertung« ansehen, denn statt dem Emmentaler können sie hierfür auch Reste verschiedener Käsesorten verwenden. So haben Sie die Möglichkeit, Ihren ganz persönlichen Käsesalat zu kreieren. Aber nicht nur Kästereste sind geeignet: Salami, Maiskölbchen, Sprossen, Nudeln, gekochte Eier, Cornichons, gekochter Reis, Erbsen und Gemüse wie Knollen- und Staudensellerie können Sie ebenfalls untermischen. Sie sollten jedoch nicht zu viel mischen, sondern sich auf zwei bis drei »herzhafte« und zwei bis drei »fruchtige« Zutaten beschränken.

Käsebad mit Früchten

Für 4 Personen **Zubereitungszeit 30 Minuten**

250 g Gorgonzola • 250 g Geramont • 1/8 l trockener Weißwein • 1 TL Speisestärke • 200 g Sahne • 4 Mandarinen 250 g blaue und helle Weintrauben • 2 Birnen • 2 Bananen Saft von 1/2 Zitrone • 1 Stangenweißbrot

1 Den Gorgonzola sowie den Geramont zerkleinern. In einem Topf mit Weißwein, Speisestärke und Sahne unter ständigem Rühren cremig erhitzen. Den Topf vom Herd nehmen.

2 Die Mandarinen schälen und in Spalten teilen. Die Weintrauben waschen und von den Stielen zupfen. Die Birnen schälen, entkernen und in mundgerechte Stücke schneiden.

3 Die Bananen schälen, in Scheibchen schneiden und mit Zitronensaft beträufeln. Das Stangenweißbrot in kleine Stücke schneiden. Alle Zutaten auf vier Teller verteilen.

4 Den Käse nochmals leicht erhitzen und dann in vier Portionsschalen verteilen. Jeder kann seine Zutaten darin dippen – schon ist das Käsefondue ohne speziellen Fonduetopf fertig.

Tipp

Diese Variante eines Käsefondues ist eine kleine, schnelle Zubereitungsmöglichkeit, die sich quasi im Vorbeigehen flott bewerkstelligen lässt, und für die man vor allem kein spezielles Fondue-Set braucht. Auch hier ist die Auswahl der geeigneten Käsesorten gigantisch, lassen Sie sich bitte in der Käseabteilung oder im Fachgeschäft beraten. Sie sollten aber nicht mehr als zwei Käsesorten mischen.
Oftmals liegt warmer Käse schwer im Magen, besonders am Abend. Sie können daher die Brotmenge reduzieren und dafür mehr Früchte stippen. Wenn Sie kurz vor dem Servieren eine Prise Natron in die Käsemasse rühren, wird sie übrigens auch bekömmlicher.

Käsebirnen auf Zuckerschoten

Für 4 Personen **Zubereitungszeit 30 Minuten**

2 Williams-Christ-Birnen • 1 Prise Zucker • 500 g Zuckerschoten
Salz • 200 g Sahne • Pfeffer • 100 g Gorgonzola • 200 g Mascarpone
Außerdem: Butter für die Form

1 Die Birnen schälen, längs halbieren und entkernen. In einem Topf etwa 1/2 Liter Wasser mit Zucker zum Kochen bringen und die Birnenhälften einlegen. Diese etwa 8 Minuten ziehen lassen. Die Birnen herausnehmen und abtropfen lassen.

2 Den Backofen auf 200 °C (Umluft 180 °C, Gas Stufe 3) vorheizen und eine Auflaufform mit Butter ausstreichen. Die Zuckerschoten putzen und waschen. In einem Topf Salzwasser zum Kochen bringen, darin die Zuckerschoten 1 Minute aufwallen lassen. Herausnehmen, mit kaltem Wasser abschrecken und abtropfen lassen.

3 Die Zuckerschoten auf dem Boden der Form verteilen und mit 100 Gramm Sahne beträufeln. Mit Salz und Pfeffer würzen. Die Birnen quer in Scheibchen schneiden und wieder zusammengesetzt als vier Birnenhälften auf die Zuckerschoten setzen.

4 Den Gorgonzola zerkleinern. Die restliche Sahne mit Mascarpone und Gorgonzola cremig rühren und über die Birnen löffeln. Leicht mit Salz und Pfeffer würzen. Die Form in den Backofen schieben und die Birnen in 10 bis 15 Minuten überbacken. Die Käsebirnen aus dem Ofen nehmen und sofort servieren.

Tipps

Sie können das fertige Gericht mit gerösteten Pinienkernen, Mandeln oder Walnüssen oder mit frisch gehackter Petersilie bestreuen.
Williams Christ ist die Standardbirne schlechthin. Sie ist dick und glockenförmig und lässt sich gut aufschneiden, daher ist sie für dieses Rezept gut geeignet. Doch Sie können natürlich auch andere Sorten verwenden.
Reichen Sie Baguette oder Ciabatta zu den Käsebirnen.

Gratinierte Früchte

Für 4 Personen **Zubereitungszeit 40 Minuten**

250 g weiße und blaue Weintrauben • 2 Birnen (Abate oder Williams Christ) • 1 TL Zitronensaft • 150 g Grana Padano 150 g Stilton • 2 Eier • 200 g Sahne • Salz • Schwarzer Pfeffer
Außerdem: Butter für die Form

1 Den Backofen auf 200 °C (Umluft 180 °C, Gas Stufe 3) vorheizen und eine Auflaufform mit Butter ausstreichen. Die Weintrauben waschen, von den Stielen zupfen und trocken tupfen. Die Birnen schälen, längs halbieren, entkernen und quer in Scheibchen schneiden.

2 Die Birnen mit den Schnittflächen nach unten und wieder zusammengesetzt in die Form legen, mit Zitronensaft beträufeln. Rundherum die Trauben verteilen. Den Grana Padano fein reiben und den Stilton fein zerkleinern.

3 Die Eier trennen. Das Eiweiß zu steifem Schnee schlagen. Die Eigelbe mit der Sahne verrühren und die beiden Käsesorten einrühren. Die Käsemasse mit Salz und Pfeffer würzen und den Eischnee unterziehen. Alles löffelweise über die Früchte geben.

4 Die Form in den vorgeheizten Backofen schieben und die Früchte auf der mittleren Schiene in etwa 20 Minuten überbacken. Den Früchte-Auflauf herausnehmen und sofort servieren.

Tipp

Früchte in Kombination mit Käse sind eine geschmackliche Offenbarung – und zudem helfen sie, den kalorienreichen Käse besser zu verdauen. Versuchen Sie beim Genuss von Käse immer, im Verhältnis mehr Gemüse, Salate und Früchte zu essen als Käse. Bei obigem Rezept können Sie auch geriebenen Käse Ihrer Wahl einfach mit etwas Sahne schmelzen lassen, die Früchte damit überziehen und im Backofen gratinieren. Neben den Trauben und Birnen sind z. B. auch Johannisbeeren, Aprikosen, Pfirsiche, Mangos und Papayas wunderbare Ergänzungen zu Käse.

Matjessalat aus Scheveningen

Für 4 Personen **Zubereitungszeit 30 Minuten**

250 g grüne Bohnen • Salz • 1 Kopfsalatherz • 5 Stängel Dill • 1 Zwiebel
6 Matjesfilets (etwa 500 g) • 1 säuerlicher Apfel • 250 g saure Sahne
2 EL Orangensaft • Schwarzer Pfeffer

1 Die Bohnen verlesen, halbieren, waschen und in kochendem Salzwasser 2 Minuten garen. Herausnehmen, kalt abbrausen und abtropfen lassen. Das Kopfsalatherz entblättern, die Blätter kleiner zupfen, waschen und gründlich abtropfen lassen.

2 Den Dill waschen, die Blättchen von den Stängeln zupfen und fein hacken. Die Zwiebel schälen und fein würfeln. Die Matjesfilets je nach Salzgehalt kalt abspülen oder 5 Minuten in kaltem Wasser wässern. Anschließend mit Küchenpapier trocken tupfen und schräg in etwa 1 Zentimeter breite Streifen schneiden.

3 Den Apfel schälen, entkernen und in Spalten schneiden. In einer Schüssel alle vorbereiteten Zutaten mit saurer Sahne und Orangensaft vermengen. Mit Salz und Pfeffer würzen.

Tipp

Variieren Sie den Salat z. B. mit gekochten Eiervierteln, Tomatenspalten, Ananasstückchen, Bananenscheiben oder Kirschen.
Matjeshering ist ein junger, noch nicht geschlechtsreifer Hering, der in der Regel mild gesalzen ist und sehr zartes Fleisch hat. Saison ist im Juni, dann bekommt man die frischesten und leckersten Matjes. Alternativ können Sie für das Rezept auch normalen Hering verwenden, dieser ist weniger fett als Matjes, aber auch nicht so zart.

Speck-Chicorée mit Jogurt

Für 4 Personen **Zubereitungszeit 1 Stunde**

4 größere Chicoréestauden • Salz • Saft von ½ Zitrone
1 Prise Zucker • 16 hauchdünne Scheiben Frühstücksspeck
Schwarzer Pfeffer • 100 g Gouda • 1 EL zimmerwarme Butter
½ Bund glatte Petersilie • 500 g Vollmilchjogurt
Paprikapulver edelsüß und rosenscharf
Außerdem: Butter für die Form

1 Den Backofen auf 200 °C (Umluft 180 °C, Gas Stufe 3) vorheizen und eine Auflaufform einfetten. Die Chicoréestauden waschen, Strünke entfernen und die Chicoréestauden längs halbieren. In reichlich kochendem Salzwasser mit Zitronensaft und Zucker 5 Minuten garen, gründlich abtropfen lassen.

2 Die Chicoréehälften jeweils mit zwei Speckscheiben umwickeln, so dass sie vom Speck möglichst bedeckt sind, und in die Auflaufform geben. Alles leicht salzen und pfeffern. Den Käse reiben und darüber streuen und alles mit Butterflöckchen belegen.

3 Die Form in den Ofen schieben und die Chicorée in etwa 20 Minuten überbacken. Inzwischen die Petersilie waschen, die Blättchen von den Stängeln zupfen und fein hacken. Die Petersilie mit Jogurt, Salz und Pfeffer verrühren.

4 Die Form aus dem Ofen nehmen und die Chicoréehälften auf vier Teller verteilen. Löffelweise mit der Jogurtmischung überziehen und alles mit Paprikapulver bestäuben.

Tipp

Es muss nicht immer Gouda sein ... aber er ist nun mal der verlässlichste und einfachste Käse in der Handhabung. Wenn Sie trotzdem eine andere Sorte ausprobieren möchten, haben Sie eine große Auswahl: ein würziger Franzose, ein raffinierter Italiener, ein feuriger Spanier oder ein milder Käse aus Deutschland. Sie können für dieses Rezept auch Schafskäse, Mozzarella oder einen Edelpilzkäse verwenden. Hauptsache, die Zutaten sind von guter Qualität.

Feldsalat mit Schillerlocken

Für 4 Personen **Zubereitungszeit 20 Minuten**

½ Bund Schnittlauch • 1 kleine Zwiebel • 250 g Vollmilchjogurt
1 TL geriebener Meerrettich (Glas) • Salz • Schwarzer Pfeffer
250 g Schillerlocken • 1 Möhre • 250 g Feldsalat • 1 Radicchio

1 Den Schnittlauch waschen, trocken tupfen und in Röllchen schneiden. Die Zwiebel schälen und fein würfeln. Den Vollmilchjogurt mit Meerrettich verrühren und mit Salz und Pfeffer würzen. Schnittlauch und Zwiebelwürfel unterziehen.

2 Die Schillerlocken in kleine Stücke schneiden. Die Möhre schälen, längs in Scheiben und quer in Streifen schneiden. Den Feldsalat verlesen, waschen und trocken schwenken.

3 Den Radicchio putzen, den Strunk entfernen, die Blätter waschen und in Streifen schneiden. Alle Salatzutaten in einer Schüssel locker vermengen und servieren.

Tipp

Servieren Sie den Salat mit Walnussbrot oder knusprigem Baguette.
In diesem Salat hat noch jede Menge Käse Platz, wie z. B. ein schöner Mozzarella vom Büffel. Das muss ausdrücklich auf der Verpackung deklariert sein, und wenn dem nicht so ist, besteht der Mozzarella halb aus Kuh- und halb aus Büffelmilch. Diese Mischungen erreichen nicht mehr den typischen Flavor eines Mozzo (wörtlich übersetzt: abgeschnitten, in einige Teile geschnitten), sondern werden als mildsäuerlich charakterisiert. Oder wie wäre es mit frisch gehobelten Spänen vom Parmesan? »Parmesan« ist übrigens einfach das italienische Wort für Hartkäse. Jedoch ist mit Parmesan immer der berühmte Parmigiano Reggiano gemeint. Außerhalb Italiens wird dieser König der Käse fälschlicher- bzw. bequemerweise abgekürzt einfach Parmesan genannt. Wenn Sie den Salat mit Parmesan variieren, schneiden Sie zusätzlich Äpfel in hauchdünne Scheibchen und verteilen diese breitflächig auf vier Teller. Darauf verteilen Sie den fertig angemachten Salat und hobeln Käse darüber.

Rucolasalat mit Lachsforellen

Für 4 Personen **Zubereitungszeit 20 Minuten**

400 g Rucola • 4 Stängel Koriandergrün • 4 geräucherte Lachsforellenfilets • 1 TL Wasabe (japanischer Meerrettich) 250 g Vollmilchjogurt • Salz • Schwarzer Pfeffer
Außerdem: Frisch geschabter Ingwer nach Belieben

1 Den Rucola verlesen, waschen und trocken schwenken. Den Koriander waschen, die Blättchen von den Stängeln zupfen und fein hacken. Die Lachsforellenfilets schräg in schmale Streifen schneiden.

2 Den Wasabe mit Jogurt und Koriander verrühren, mit Salz und Pfeffer würzen. Den Rucola locker mit dem Dressing vermengen und auf Teller verteilen. Den Salat mit den Forellenstreifen belegen und alles nach Belieben mit Ingwer bestreuen.

Tipp

Wasabe ist die grüne, höllisch scharf angerührte Paste, die Sie vielleicht vom Sushi-Genuss her kennen. Das Pulver gibt es in japanischen oder asiatischen Geschäften. Laut Packungsanweisung einfach mit Wasser verrühren.

Variante

Lachsforellenfilets vertragen sich nur bedingt mit Käse, denn beide sind recht dominant und versuchen sich geschmacklich den Rang streitig zu machen. Ist der Fisch noch dazu geräuchert, passt am besten eine sahnig-milchige Sauce wie z. B. aus Jogurt dazu. Als Würze wäre auch eine orientalische Variante mit Kreuzkümmel, Koriander, Chili und Kardamom möglich.
Anstatt geräuchertem Fisch eignen sich für dieses Rezept auch gekochte Garnelen oder gebratene Fischfiletstreifen.

Jogurt-Erdbeeren in Paprikahälften

Für 4 Personen **Zubereitungszeit 30 Minuten**

**500 g Erdbeeren • 4 Stängel Minze • Saft von 1/2 Zitrone
300 g Vollmilchjogurt • 150 g Sahnequark • 1 EL grüne eingelegte
Pfefferkörner • Salz • Schwarzer Pfeffer • 4 rote Paprikaschoten
100 g hauchdünn geschnittener Parmaschinken**

1 Die Erdbeeren verlesen, waschen putzen und in Scheibchen schneiden. Die Minze waschen, die Blättchen von den Stängeln zupfen und in Streifen schneiden. Den Zitronensaft mit Jogurt und Sahnequark glatt rühren.

2 Erdbeeren, die Hälfte der Minze sowie die Pfefferkörner unter den Jogurtquark ziehen. Mit Salz und Pfeffer würzen. Die Paprikaschoten waschen, längs halbieren und entkernen. Die Jogurt-Erdbeeren locker in die Schoten füllen.

3 Den Parmaschinken zu kleinen Röllchen formen und auf den Jogurt-Erdbeeren anrichten. Mit restlicher Minze bestreuen.

Tipp

Als Highlight eignet sich grob gehobelter Grana Padano auf den Paprikahälften. Grana (auf Deutsch »Korn«) steht für zwei Arten von Käse: Zum einen für regionale Grana-Sorten, die auf ein geografisch genau festgelegtes Gebiet auf der linken Seite des Flusses Po beschränkt sind. Zum anderen gibt es zwei eigenständige Grana-Käse: Den Grana Trentino und den Grana Padano. Beide Käsesorten sind dem Parmigano Reggiano sehr ähnlich. Der Grana Trentino wird in der Region Trentino aus Rohmilch hergestellt und trägt das Gütesiegel der Region auf dem Laib. Dem Grana Padano ist ein Kleeblatt auf den Laib eingebrannt.

Variante

Als alternative Füllung können Sie auch fertigen Kräuterquark mit Vollmilchjogurt und saurer Sahne vermischen. Oder Sie rühren Crème double, Frischkäse und geschlagene Sahne unter.

Früchte-Reis-Salat

Für 4 Personen **Zubereitungszeit 40 Minuten**

1 Zwiebel • 2 Knoblauchzehen • ½ kleine frische Chilischote
3 EL Pflanzenöl • 250 g Langkornreis • Salz • Schwarzer Pfeffer
½ TL Curry • ½ TL gemahlender Kreuzkümmel
100 ml trockener Sherry • ½ l Gemüsebrühe • 100 g Rosinen
Saft von 1 Orange • ½ Bund glatte Petersilie • 1 Paprikaschote
250 g Vollmilchjogurt • 1 saftige Mango • 1 Banane

1 Die Zwiebel und die Knoblauchzehen schälen und fein würfeln. Die Chilischote putzen, entkernen und klein schneiden. Das Pflanzenöl in einem breiten Topf erhitzen und darin die Zwiebel-, Knoblauch- und Chiliwürfel andünsten.

2 Den Reis einstreuen und unter ständigem Rühren 2 Minuten braten. Mit Salz, Pfeffer, Curry und Kreuzkümmel würzen und mit Sherry ablöschen. Mit Gemüsebrühe aufgießen, aufkochen und den Reis bei mittlerer Hitze etwa 15 Minuten garen. Zwischendurch immer wieder umrühren.

3 Die Rosinen mit Orangensaft vermengen. Die Petersilie waschen, die Blättchen von den Stängeln zupfen und fein hacken. Die Paprikaschote waschen, entkernen und in etwa 1 Zentimeter große Stücke schneiden. Den Jogurt mit den Orangenrosinen und der Petersilie verrühren, mit Salz und Pfeffer würzen.

4 Die Mango schälen, das Fruchtfleisch vom Kern weg in kleinere Stücke schneiden. Die Banane schälen und in Scheibchen schneiden. Den fertigen Reis in eine Schüssel füllen und kurz ausdampfen lassen. Nach und nach alle vorbereiteten Zutaten untermengen. Nochmals abschmecken und den Salat noch warm genießen.

Tipp

Sie können den Reissalat auch mit saurer Sahne anstatt mit Vollmilchjogurt zubereiten. Wer keine Angst vor Kalorien hat, mischt noch etwas Crème fraîche unter die saure Sahne.

Überbackene Jogurtschnitten

Für 4 Personen

Zubereitungszeit 50 Minuten
Ruhezeit 1 Stunde

Für den Teig: 450 g Mehl • 1 Hefewürfel (42 g) • 1 Prise Zucker
300 g Vollmilchjogurt • 2 EL Olivenöl • 1 TL Salz
Für den Belag: Ca. 300 g Pizzatomaten (1 kleine Dose) • 300 g gekochtes
Kasseler in Scheiben • 200 g Edamer • Schwarzer Pfeffer
1 TL gerebelter Oregano • 1 Ecke Schmelzkäse (62,5 g) • 150 g Sahne
Außerdem: Öl für das Blech

1 Das Mehl in eine Schüssel sieben, in die Mitte eine Mulde drücken und die Hefe hineinbröckeln. Zucker, 4 Esslöffel lauwarmes Wasser sowie den Jogurt einrühren und alles mit Mehl bestäuben. Den Vorteig mit einem Tuch abdecken und etwa 30 Minuten gehen lassen.

2 Olivenöl und Salz hinzufügen und alles zu einem geschmeidigen Teig kneten. Abdecken und nochmals 30 Minuten gehen lassen. Den Backofen auf 220 °C (Umluft 200 °C, Gas Stufe 4) vorheizen und ein Backblech mit Öl auspinseln.

3 Den Hefeteig auf einer bemehlten Arbeitsfläche dünn ausrollen und das Backblech damit auskleiden. Die Teigränder hochziehen und den Boden mit einer Gabel mehrmals einstechen. Die Teigfläche mit den Pizzatomaten einstreichen. Das Kasseler in gleichmäßige Streifen schneiden, darauf verteilen. Den Edamer reiben und darüberstreuen. Mit Pfeffer und Oregano würzen.

4 Den Schmelzkäse zerkleinern und mit der Sahne verrühren. Das Käse-Sahne-Gemisch gleichmäßig über den Belag gießen. Das Backblech auf die mittlere Schiene des Ofens schieben und die Jogurtpizza etwa 25 Minuten backen. Herausnehmen, kurz abkühlen lassen und in Stücke schneiden.

Tipp

Zu den Jogurtschnitten passen gemischte Blattsalate oder ein gemischter Gemüsesalat mit Jogurtdressing.

Lachsterrine mit Ketakaviar

Für 4 Personen

Zubereitungszeit 1½ Stunden
Kühlzeit 8 Stunden

2 Schalotten • 1 frischer Dillzweig • 300 ml trockener Weißwein
500 g Lachsfilet ohne Haut und Gräten • 500 g Vollmilchjogurt
100 g Crème fraîche • Salz • Weißer Pfeffer • Saft von ½ Zitrone
50 g Gelatinepulver • 1 Gläschen Ketakaviar (etwa 50 g)

1 Die Schalotten schälen und fein würfeln. Den Dill waschen und trocken schwenken. In einem flachen, breiten Topf Schalottenwürfel, Weißwein sowie den Dill verrühren und zum Kochen aufstellen.

2 Das Lachsfilet in etwa ½ Zentimeter dünne Scheiben schneiden und diese sehr vorsichtig in den Weißweinsud legen. Bei milder Hitze etwa 1 Minute garen. Den Fisch herausnehmen, auf einen Teller legen und kaltstellen. Den Weißweinsud durch ein Sieb passieren und ebenfalls erkalten lassen.

3 Den Vollmilchjogurt mit Crème fraîche glatt rühren und dabei mit Salz, Pfeffer und Zitronensaft würzen. Eine Terrinenform großzügig mit Klarsichtfolie auskleiden.

4 Das Gelatinepulver im Weinsud glatt rühren, kurz aufkochen und bis auf etwa 50 °C abkühlen lassen. Erst jetzt mit der Jogurtcreme und dem Kaviar verrühren. Den Boden der Terrine mit Jogurtsauce bedecken. Darauf Lachsscheiben legen und wieder Jogurtsauce darüber gießen. So lange fortfahren, bis alles aufgebraucht ist, mit Jogurt abschließen.

5 Die Terrine mit Folie bedecken und zum Kühlen für etwa 8 Stunden in den Kühlschrank stellen. Danach die Terrine vorsichtig stürzen und mit einem elektrischen Messer etwa 1 Zentimeter dicke Scheiben abschneiden.

Tipp

Servieren Sie zu der feinen Lachsterrine Krabben, kaltes Gemüsedressing und ofenfrisches Weißbrot.

Speckkuchen aus Lothringen

Für 1 Springform 24 cm Ø

Zubereitungszeit 1 Stunde
Kühlzeit 45 Minuten

Für den Teig: 250 g Mehl • 125 g Butter • 1 Eigelb • Salz
Für den Belag: 1 Zwiebel • 100 g Räucherspeck
200 g Gruyeré • 30 g Butter • 1 EL Paniermehl • 3 Eier • 200 ml Milch
Schwarzer Pfeffer • 1 Msp. Paprikapulver edelsüß

1 Aus Mehl, Butterstückchen, Eigelb, Salz und 2 Esslöffeln kaltem Wasser einen glatten Mürbteig kneten. Den Teig zu einem Kloß formen, in Klarsichtfolie wickeln und für etwa 45 Minuten in den Kühlschrank legen.

2 Die Zwiebel schälen und fein würfeln. Den Speck sowie den Käse in kleine Würfel schneiden. In einer Pfanne die Hälfte der Butter erhitzen und darin Speck- und Zwiebelwürfel glasig dünsten. Anschließend den Pfanneninhalt abkühlen lassen.

3 Den Backofen auf 200 °C mit Unterhitze vorheizen und eine Springform einfetten. Den Teig auf einer bemehlten Arbeitsfläche ausrollen und die Springform damit auskleiden. Den Teigboden mit Paniermehl bestreuen und darauf die Speckzwiebeln sowie die Käsewürfel verteilen.

4 Die Eier mit Milch, Pfeffer und Paprikapulver verquirlen und darüber gießen. Die restliche Butter in Flöckchen obenauf setzen. Den Speckkuchen in den Backofen auf der untersten Schiene etwa 40 Minuten backen. Den fertigen Kuchen herausnehmen und vor dem Anschneiden in der Form 10 Minuten abkühlen lassen.

Tipp

Zu dem Speckkuchen passt ein Kopfsalat mit einem Dressing aus 250 Gramm Vollmilchjogurt, Saft von 1/2 Orange, 1 Bund Schnittlauch, in Röllchen geschnitten, Salz und Pfeffer. Der fruchtige Salat bildet einen feinen Kontrast zu dem würzigen Kuchen. Sie können natürlich auch einen Blattsalat mit schlichter Vinaigrette dazu servieren.

Spinatkuchen aus Griechenland: Spanakópita

Für 1 Springform 26 cm Ø **Zubereitungszeit 1½ Stunden**

1 kg frischer Blattspinat • 2 große Zwiebeln • 2 Knoblauchzehen 1 Bund glatte Petersilie • ½ Bund Dill • 300 g Filloteig (griechischer Laden) oder aufgetauter Blätterteig • ⅛ l Milch 50 g Butter • 5 EL Olivenöl • 300 g Schafskäse • 2 Eier Salz • Schwarzer Pfeffer • 1 Eigelb

1 Den Spinat verlesen, waschen und in einem Sieb abtropfen lassen. Die Zwiebeln und die Knoblauchzehen schälen und fein würfeln. Die Petersilie sowie den Dill waschen, die Blättchen von den Stielen zupfen und fein hacken.

2 Den Backofen auf 200 °C (Umluft 180 °C, Gas Stufe 3) vorheizen und die Springform einfetten. Die Springform mit ⅔ der Teigblätter so auslegen, dass die Teigränder weit überhängen, um später die letzte Spinatschicht komplett abzudecken. Den restlichen Teig auf einer Arbeitsplatte auslegen.

3 Die Milch mit der Butter verrühren und die Teigblätter in der Form damit bepinseln. In einer breiten Pfanne das Olivenöl erhitzen und darin die Zwiebel- und Knoblauchwürfel andünsten. Den Spinat hinzufügen und das Ganze etwa 5 Minuten weiterdünsten; die Pfanne von der Platte ziehen.

4 Den Schafskäse zerkleinern und mit den Eiern, dem Dill und der Petersilie verrühren. Anschließend mit dem Spinat locker vermengen und mit Salz und Pfeffer würzen. ⅓ der Spinatmasse in die Springform füllen und mit Teigblättern belegen, diese mit der Milchbutter bepinseln. Das zweite Drittel Spinat darauf verteilen, mit Teigblättern belegen und diese mit dem Rest der Milchbutter bepinseln.

5 Die letzte Lage Spinat verteilen und mit den überhängenden Teigblättern abschließen. Mit einem scharfen Messer in die Teigoberfläche Quadrate von 5 bis 7 Zentimeter einritzen. Das Eigelb verquirlen und die Teigoberfläche damit bestreichen. Den Spinatkuchen in den Backofen schieben und in etwa 30 Minuten knusprig backen.

Gefüllte Tintenfische

Für 4 Personen **Zubereitungszeit 1 1/2 Stunden**

1 kg küchenfertige Sepia (kleinere Tintenfischtuben)
Salz • Schwarzer Pfeffer • Saft von 1 Zitrone • 4 Knoblauchzehen
1 Bund glatte Petersilie • 200 g Schafskäse-Ricotta
3 EL Olivenöl • 50 g Parmesan • 2 EL frisch geriebenes Weißbrot
Außerdem: Butter für die Form

1 Die Tintenfischtuben unter fließendem kaltem Wasser gründlich waschen und in Salzwasser etwa 20 Minuten leise kochen lassen. Abgießen, die Tintenfische kalt abspülen und mit Küchenpapier trockentupfen. Rundherum mit Salz, Pfeffer und Zitronensaft würzen.

2 Die Knoblauchzehen schälen und fein würfeln. Die Petersilie waschen, die Blättchen von den Stängeln zupfen und fein hacken. Den Backofen auf 200 °C (Umluft 180 °C, Gas Stufe 3) vorheizen und eine breite Auflaufform mit Butter einfetten.

3 Für die Füllung den Schafskäse mit 1 Esslöffel Olivenöl sowie der Hälfte der Petersilie locker vermengen. Die Tintenfische damit füllen und mit je einem Hölzchen oder einer Rouladennadel verschließen. Die gefüllten Tintenfische in die Auflaufform setzen.

4 Den Parmesan reiben. Den Knoblauch mit dem restlichen Olivenöl, der restlichen Petersilie, dem Weißbrot und dem Parmesan verrühren und die Tintenfische mit dieser Paste überziehen. Die Form auf die mittlere Schiene in den Backofen stellen und die Tintenfische in etwa 20 Minuten garen. Die fertigen Tintenfische sofort servieren.

Tipp

Servieren Sie knuspriges Baguette oder Ciabatta zu den Tintenfischen. Ricotta, der Frischkäse aus Italien, wurde ursprünglich nur aus Schafskäsemolke hergestellt. Mittlerweile gibt es mehr und mehr Produkte aus Kuhkäsemolke – achten Sie beim Kauf darauf.

Sellerieschnitzel mit Parmesan und Jogurtsauce

Für 4 Personen **Zubereitungszeit 45 Minuten**

½ Bund frische Kräuter (Petersilie, Dill, Liebstöckel und Salbei)
150 g Vollmilchjogurt • 150 g saure Sahne • Saft von 1 Zitrone
Salz • Schwarzer Pfeffer • 1 Sellerieknolle (etwa 1 kg) • 50 g Parmesan
100 g Paniermehl • 2 Eier • 5 EL Milch • 100 g Mehl
Zum Backen: Butterschmalz

1 Für die Jogurtsauce die Kräuter waschen, trocken schwenken, die Blättchen von den Stängeln zupfen und fein hacken. Den Vollmilchjogurt mit der Sahne, den Kräutern und etwas Zitronensaft mischen. Mit Salz und Pfeffer würzen und bis zum Servieren kalt stellen.

2 Die Sellerieknolle schälen, halbieren und in etwa ½ Zentimeter dicke Scheiben schneiden. Die Scheiben sofort mit Zitronensaft einreiben, leicht salzen und pfeffern. Den Parmesan reiben und mit Paniermehl vermischen. Die Eier mit der Milch verquirlen.

3 Käse-Paniermehl-Mischung, Eiermilch und Mehl auf drei Tellern bereitstellen. Die Sellerieschreiben in Mehl wenden, durch die verquirlten Eier ziehen und dann in dem Käse-Paniermehl wenden.

4 Das Butterschmalz in einer großen Pfanne erhitzen und darin die Selleriescheiben portionsweise goldgelb ausbacken. Die Sellerieschnitzel warm halten, bis alle fertig sind, dann mit der Jogurtsauce servieren.

Kartoffel-Käse-Plätzchen mit Gurkenkefir

Für 4 Personen **Zubereitungszeit 1½ Stunden**

1 kg Kartoffeln • 2 Zwiebeln • 1 Knoblauchzehe • ½ Bund Petersilie
1 Ei • 200 g Edamer • Salz • Schwarzer Pfeffer • Muskat
Für den Gurkenkefir: ½ Salatgurke • 1 Bund Schnittlauch • 500 g Kefir
1 EL Zitronensaft • Kräutersalz • Schwarzer Pfeffer
Zum Backen: 100 g Butter

1 Die Kartoffeln schälen, in reichlich Salzwasser garen, abgießen und abkühlen lassen. Anschließend grob raspeln. Die Zwiebeln und die Knoblauchzehe fein würfeln. Die Petersilie waschen, trocken tupfen, die Blättchen abzupfen und fein hacken. Den Käse reiben.

2 Aus Kartoffeln, Zwiebel- und Knoblauchwürfeln, Petersilie, Ei und Käse einen Teig kneten. Mit Salz, Pfeffer und Muskat würzen. Aus dem Kartoffelteig etwa 12 Plätzchen formen.

3 Die Gurke schälen, entkernen und fein würfeln. Den Schnittlauch waschen, trocken tupfen und in Röllchen schneiden. Den Kefir mit den Gurkenwürfeln und den Schnittlauchröllchen verrühren. Mit Zitronensaft, Kräutersalz und Pfeffer würzen. Die Kartoffelplätzchen in heißer Butter auf beiden Seiten goldbraun braten. Dazu den Gurkenkefir servieren.

Tipp

Mit selbst hergestelltem Kefir schmeckt das Gericht natürlich nochmal so lecker. Wer das Glück hat, von Freunden oder Bekannten einen Kefirpilz geschenkt zu bekommen, gibt ihn nicht so leicht wieder her. Der Pilz, der aussieht wie eine Handvoll verwachsener, weißer Röschen, wird zuerst mit kaltem Wasser gründlich gewaschen. Dann wird er in ein Gefäß gelegt und mit so viel pasteurisierter Milch begossen, dass er vollständig bedeckt ist. Das Gefäß mit Folie abdecken und den Kefirpilz für 24 Stunden bei Zimmertemperatur »arbeiten« lassen. Den fertigen Kefir durch ein Haarsieb passieren und in den Kühlschrank stellen. Den Kefirpilz gründlich waschen und erneut mit Milch ansetzen.

Gnocchi mit Käsespänen und Jogurtdip

Für 4 Personen **Zubereitungszeit 1 Stunde**

1 Knoblauchzehe • 400 g Ricotta • 200 g Mehl
2 Eier • 1 Eigelb • Salz • Muskat
Für den Dip: 250 g Vollmilchjogurt • 5 EL Olivenöl • Salz
Schwarzer Pfeffer • 50 g Parmesan
Zum Servieren: 150 g Parmesan • Frische Basilikumblättchen

1 Die Knoblauchzehe schälen und durch eine Knoblauchpresse zum Ricotta drücken. Den Ricotta mit Mehl, Eiern, Eigelb, Salz und Muskat zu einem Teig kneten. Diesen etwa 15 Minuten ruhen lassen. Inzwischen für den Dip Jogurt mit Olivenöl, Salz, Pfeffer und geriebenem Parmesan verrühren. Bis zum Gebrauch in den Kühlschrank stellen.

2 Den Ricottateig auf einer bemehlten Arbeitsfläche in zwei Hälften teilen und jede Hälfte zu einer Rolle formen. Von den Teigrollen etwa 2 Zentimeter dicke Stücke abschneiden und diese mit den Zinken einer Gabel zu Nocken rollen.

3 Die Gnocchi in siedend heißes Salzwasser geben und in etwa 5 Minuten garen, d.h. bis die Gnocchi an der Wasseroberfläche schwimmen. Die Gnocchi mit einem Schaumlöffel aus dem Wasser nehmen, kurz abtropfen lassen und auf eine vorgewärmte Servierplatte geben.

4 Den restlichen Parmesan hobeln, die Basilikumblättchen säubern und fein wiegen. Die Gnocchi löffelweise mit dem Jogurt überziehen und mit Basilikum sowie mit Käsespänen bestreuen.

Tipp

Sie können die Gnocchi auch erkalten lassen und dann in schäumend heißer Butter oder in Olivenöl von allen Seiten goldgelb und knusprig braten. Servieren Sie als Beilage frische gemischte Salate und Grissini. – Sogar Napoleon schwärmte von den knusprigen Teigstangen, die er sich sogar für den kaiserlichen Tisch mit den Worten »die Turiner Stöcke müssen her« bestellt haben soll.

Griechische Bifteki

Für 4 Personen **Zubereitungszeit 45 Minuten**

1 altbackenes Brötchen • 1 Zwiebel • 2 Knoblauchzehen
½ Bund glatte Petersilie • 600 g Rinderhackfleisch • 5 EL Olivenöl
Salz • Schwarzer Pfeffer • 1 TL gerebelter Oregano • 150 g Feta

1 Das Brötchen in Wasser einweichen. Die Zwiebel und die Knoblauchzehen schälen und fein würfeln. Die Petersilie waschen, die Blättchen von den Stängeln zupfen und fein hacken. Das Brötchen ausdrücken und in einer Schüssel mit dem Hackfleisch, den Zwiebel- und Knoblauchwürfeln, der Petersilie und 1 Esslöffel Olivenöl verkneten.

2 Das Hackfleisch mit Salz, Pfeffer und Oregano würzen. Den Feta in kleine Stücke bröckeln. Mit befeuchteten Händen aus dem Fleischteig etwa acht längliche Ballen formen und diese mit Feta füllen. Das restliche Olivenöl in einer Pfanne erhitzen und darin die Bifteki in etwa 10 Minuten rundherum knusprig braten.

Tipp

Servieren Sie zu den Bifteki griechischen Salat und knuspriges Weißbrot. Die Nachfrage nach griechischem Käse – allen voran Feta – ist in den letzten 20 Jahren sprunghaft gestiegen. Das kann daran liegen, dass Griechenland als Urlaubsziel nach wie vor sehr beliebt ist. Aber auch die wachsende Zahl von Vegetariern, die alle großen Appetit auf die Schafsmilch- und Ziegenmilcherzeugnisse haben, wird ihren Teil dazu beitragen. Griechenland mit seinen überwiegend kargen Böden und zerklüfteten Inseln hat sich von jeher auf die problemlose Haltung von Schafen und Ziegen spezialisiert. Griechischer Käse ist das Synonym für Schafs- und Ziegenkäse.

Hühnercurry mit Jogurt

Für 4 Personen **Zubereitungszeit 1 1/2 Stunden**

2 küchenfertige Hähnchen • Salz • Schwarzer Pfeffer • Saft von 1/2 Zitrone 2 Stängel Koriandergrün • 1 Zwiebel • 2 Knoblauchzehen 2 cm frische Ingwerwurzel • 2 Tomaten • 4 EL Ghee oder Pflanzenöl 1 EL Currypulver • 1/2 TL Chilipulver • 1 EL Garam Masala (indische Gewürzmischung) • 200 g Vollmilchjogurt • 2 EL gehackte Cashewkerne

1 Die Hähnchen in kleine Portionsstücke schneiden. Mit Salz und Pfeffer einreiben und mit Zitronensaft beträufeln. Den Koriander waschen, die Blättchen von den Stängeln zupfen und hacken.

2 Zwiebel, Knoblauchzehen und Ingwerwurzel schälen und alles fein würfeln. Die Tomaten blanchieren, häuten und in kleine Würfel schneiden. In einem breiten Topf oder Bräter das Ghee erhitzen und unter ständigem Rühren Zwiebel-, Knoblauch- und Ingwerwürfel bei kleiner Hitze andünsten.

3 Curry, Chilipulver, Koriander sowie die Tomatenwürfel einrühren. Das Ganze so lange dünsten, bis eine dickliche Masse entsteht. Die Hühnerstücke einlegen und diese immer wieder umdrehen, so dass sie von dem Gewürzbrei überzogen werden.

4 Den Topf mit einem Deckel verschließen und die Hähnchenstücke etwa 30 Minuten garen lassen. Während der Garzeit mehrmals umrühren, damit sich die Gewürze nicht am Topfboden festsetzten; eventuell etwas Wasser zugießen.

5 Das Garam Masala mit dem Jogurt vermischen und in den Topf rühren. Das Hühnercurry weitere 10 Minuten leise kochen lassen und gegebenenfalls nochmals nachwürzen. Kurz vor dem Servieren die Cashewkerne unterheben.

Tipp

Currypulver ist einen Mischung aus verschiedenen Gewürzen. Es gibt milde bis sehr scharfe Mischungen, im Zweifelsfall dosieren Sie lieber vorsichtig.

Gemüsige Pfannkuchen

Für 4 Personen **Zubereitungszeit 1 1/2 Stunden**

1 kg Gemüse der Saison (Brokkoli, Zucchini, Möhren und Lauch) • 150 g Butter • Salz • Schwarzer Pfeffer 1 EL frisch gehackte Petersilie • 200 g Mehl • 1/2 l Milch 5 Eier • 300 g Appenzeller • 300 g Sahne • Muskat

1 Das Gemüse putzen und waschen. Den Brokkoli in kleine Röschen teilen, die Zucchini vierteln und in Scheibchen schneiden. Die Möhren schälen und in Streifen schneiden. Den Lauch der Länge nach halbieren und quer in Streifen schneiden.

2 In einer Pfanne 50 Gramm Butter erhitzen und darin das Gemüse kurz andünsten. Salzen, pfeffern und die Petersilie unterheben. Den Backofen auf 180 °C (Umluft 160 °C, Gas Stufe 2–3) vorheizen.

3 Aus Mehl, Milch, Salz und 3 Eiern einen Pfannkuchenteig rühren. Die restliche Butter in einer Pfanne erhitzen und darin portionsweise dünne Pfannkuchen backen; diese dann einzeln auf einer Arbeitsplatte auslegen.

4 Eine breite Auflaufform einfetten. Den Käse reiben. Das Gemüse mit der Hälfte vom geriebenen Käse locker vermengen und auf den Eierkuchen verteilen. Die Eierkuchen locker aufrollen und eng aneinander in die Auflaufform setzen. Die Sahne mit den restlichen Eiern verschlagen und mit Muskat, etwas Salz und Pfeffer würzen.

5 Zuletzt den restlichen Käse einrühren und die Sauce gleichmäßig über die Gemüsepfannkuchen gießen. Die Auflaufform in den Backofen schieben und die gefüllten Pfannkuchen etwa 30 Minuten gratinieren.

Tipp

Sie können auch halb Sahne und halb saure Sahne verwenden, je nach Geschmack oder Inhalt des Kühlschranks. Auch bei der Zusammenstellung der Gemüsefüllung können Sie nach Lust und Vorrat entscheiden.

Risotto mit Mozzarelline-Tomaten

Für 4 Personen **Zubereitungszeit 30 Minuten**

1 kleine Zwiebel • 80 g Butter • 300 g Rundkornreis
1 l Geflügelbrühe • Salz • Schwarzer Pfeffer • 1 Döschen Safran
etwa 16 kleine Kirschtomaten • Etwa 16 Basilikumblättchen
16 Mozzarella-Bällchen • 4 EL Olivenöl • 100 g Parmesan

1 Die Zwiebel schälen und fein würfeln. In einem breiten Topf 50 Gramm Butter heiß schäumend erhitzen und die Zwiebelwürfel darin glasig dünsten. Den Reis einstreuen und unter ständigem Rühren etwa 5 Minuten andünsten. Nach und nach die Geflügelbrühe zugießen und dabei mit Salz, Pfeffer und Safran würzen.

2 Das Risotto immer wieder durchrühren und insgesamt etwa 15 Minuten garen lassen. Inzwischen die Kirschtomaten waschen und kreuzweise einritzen. Die Basilikumblättchen waschen und in Streifen schneiden. Die Mozzarella-Bällchen abtropfen lassen. Tomaten, Mozzarella und Basilikum mit Olivenöl locker vermengen und mit Salz und Pfeffer würzen.

3 Den Parmesan reiben. Den Risotto-Topf vom Herd ziehen und mit einem Deckel verschließen. Den Risotto etwa 5 Minuten ziehen lassen und anschließend mit restlicher Butter sowie dem Parmesan locker vermengen. Das leicht suppige Risotto auf vier vorgewärmte, tiefe Teller verteilen und rundherum die Tellerränder mit den Mozzarelline-Tomaten garnieren.

Tipp

Rundkornreis ist stärkehaltiger als Langkornreis und wird dadurch beim Kochen klebrig. Für dieses Rezept ist Arborio oder Vialone am besten geeignet. Arborio wird meist unter der Bezeichnung Risottoreis angeboten.

Käsige Bratkartoffeln mit Bärlauchquark

Für 4 Personen **Zubereitungszeit 30 Minuten**

1 kg Pellkartoffeln vom Vortag • 1 große Zwiebel • 1 Knoblauchzehe • 100 g geräucherter Speck • 1 EL Butterschmalz • Salz Schwarzer Pfeffer • 1 Prise Kümmel • 1 Prise Paprikapulver edelsüß 200 g Comté (Hartkäse aus Rohmilch) • 1 EL Butter
Für den Bärlauchquark: 250 g Sahnequark • 1 EL Bärlauchpesto (Glas) • 50 g Sahne
Zum Servieren: 1 Bund Schnittlauchröllchen

1 Die Kartoffeln schälen und in Scheiben schneiden. Die Zwiebel sowie die Knoblauchzehe schälen und fein würfeln. Den Speck in kleine Würfel schneiden. Den Backofen auf 200 °C Grillstufe vorheizen.

2 In einem großen Bräter, den man auch in den Backofen stellen kann, das Butterschmalz erhitzen. Zwiebel- und Knoblauchwürfel einstreuen und glasig dünsten. Den Speck hinzufügen und nach einigen Minuten die Kartoffelscheiben einlegen.

3 Die Kartoffelpfanne mit Salz, Pfeffer, Kümmel und Paprikapulver würzen. Die Kartoffelscheiben unter mehrmaligem Wenden 8 bis 10 Minuten braten. Den Käse reiben und über die Kartoffelpfanne streuen. Die Butter in Flöckchen darauf verteilen, und das Ganze auf der mittleren Schiene im Backofen einige Minuten überschmelzen.

4 Inzwischen den Sahnequark mit Pesto und Sahne gründlich verrühren. Den Schnittlauch waschen, trocken tupfen und in Röllchen schneiden. Die überbackenen Kartoffeln aus dem Backofen nehmen, in der Mitte der Pfanne den Bärlauchquark aufhäufen, alles mit Schnittlauch bestreuen und rustikal in der Pfanne servieren.

Tipp

Sie können zum Überbacken auch eine andere Käsesorte verwenden, es sollte sich allerdings um einen würzigen Käse handeln.

Überbackene Eglifilets

Für 4 Personen **Zubereitungszeit 1 Stunde**

800 g Eglifilets • Salz • Saft von 1 Zitrone • 1 Zwiebel
$^1/_2$ l Fischfond (Glas) • $^1/_2$ l trockener Weißwein • 2 EL Butter
1 EL Mehl • 200 g Sahne • 100 g Sbrinz • 1 EL gehackte Petersilie
Außerdem: Fett für die Form

1 Die Eglifilets waschen, vorsichtig trocken tupfen, leicht salzen und mit Zitronensaft beträufeln. Die Zwiebel schälen und fein würfeln. In einem breiten Topf den Fischfond und den Weißwein erhitzen und kurz aufkochen. Die Hitze zurückdrehen, die Fischfilets einlegen und bei milder Hitze 5 bis 8 Minuten ziehen lassen.

2 Den Backofen auf 180 °C mit Grillstufe vorheizen und eine Auflaufform einfetten. Die Fischfilets vorsichtig aus der Brühe nehmen und in die Auflaufform legen.

3 In einem Topf die Butter erhitzen und darin die Zwiebelwürfel andünsten. Mit Mehl bestäuben und unter ständigem Rühren mit Fischfond, Weißwein sowie der Sahne aufgießen. Die Sauce etwa 10 Minuten leise kochen lassen. Den Käse reiben und zusammen mit der Petersilie am Ende der Garzeit unter die Sauce ziehen.

4 Die Fischfilets mit der Käsesauce übergießen und im Backofen in 8 bis 10 Minuten überbacken.

Tipp

Sbrinz – der Spalenkäse – ist ein vollmundiger, mürber Reibkäse mit sehr fester Konsistenz. Der aus Rohmilch hergestellte Käse fand schon um das 12. Jahrhundert Erwähnung. Der Name stammt von dem Schweizer Ort Brienz am Brienzer See – durch den Schweizer Dialekt kam eben schnell ein »s« vor den Ortsnamen.
Eglifilets sind Filets vom Barsch, genauer gesagt vom Flussbarsch. Es ist ein feiner Süßwasserfisch mit festem, fettarmem, leicht verdaulichem Fleisch.

Schwyzer Ramequin

Für 4 Personen **Zubereitungszeit 45 Minuten**

**8 Scheiben Weißbrot • 50 g zimmerwarme Butter
8 Scheiben gekochter Schinken • 8 Scheiben Emmentaler, Greyerzer oder Vacherin • 5 EL Weißwein • 1 Bund Schnittlauchröllchen
3 Eier • 1/2 l Milch • 150 g Sahne • Salz
Schwarzer Pfeffer • 1/2 TL Paprikapulver edelsüß**

1 Die Weißbrotscheiben mit Butter bestreichen und mit je einer Schinken- und Käsescheibe belegen. Den Backofen auf 200 °C (Umluft 180 °C, Gas Stufe 3) vorheizen und eine Auflaufform einfetten.

2 Die belegten Brote dachziegelartig in die Form legen und mit Weißwein beträufeln. Den Schnittlauch waschen, trocken tupfen und in Röllchen schneiden. Die Eier mit Milch, Sahne, Salz, Pfeffer und Paprika kräftig verschlagen. Die Schnittlauchröllchen untermischen und das Ganze gleichmäßig über die Brote gießen.

3 Die Form in den vorgeheizten Backofen schieben und das Ramequin in etwa 1/2 Stunde goldgelb überbacken.

Tipp

Sie können das Brot auch toasten, bevor Sie es wie beschrieben verarbeiten. Dieser Brot-Käse-Auflauf ist etwas aufwändig, aber viel leckerer als andere Toastzubereitungen. Bei Croque Monsieur z. B. wird ebenfalls Toast mit Schinken und Käse belegt und überbacken, doch der Genuss ist nicht zu vergleichen.
Der Ramequin ist ein komplettes Hauptgericht. Reichen Sie als Vorspeise Kräuterjogurt mit Möhren- und Selleriestangen zum Dippen.

Lasagne mit viel Käse

Für 4 Personen **Zubereitungszeit 2 Stunden**

Für die Füllung: 50 g geräucherter Speck • 1 Zwiebel
2 Knoblauchzehen • ½ Bund Suppengrün • 3 EL Olivenöl
500 g gemischtes Hackfleisch • 2 EL Tomatenmark • 150 ml trockener Rotwein • 200 ml Fleischbrühe • Salz • Schwarzer Pfeffer
Muskat • ½ TL gerebelter Oregano • 1 Lorbeerblatt
Für die Sauce: 2 EL Butter • 1 EL Mehl • ½ l Milch • Salz • Muskat
Außerdem: 8 bis 12 grüne oder helle Lasagneblätter
200 g Mozzarella • 100 g Parmesan

1 Den Speck fein würfeln. Die Zwiebel und die Knoblauchzehen schälen und fein würfeln. Das Suppengrün waschen, putzen, schälen und in kleine Würfel schneiden. In einem breiten Topf die Speckwürfel auslassen. Das Olivenöl zugießen und Zwiebeln, Knoblauch und Suppengrün einstreuen. Alles etwa 5 Minuten unter Rühren andünsten.

2 Das Hackfleisch hinzufügen und unter fortwährendem Rühren krümelig braten. Mit Tomatenmark 5 Minuten durchrösten und Rotwein sowie Fleischbrühe angießen. Mit Salz, Pfeffer, Muskat und Oregano würzen und das Lorbeerblatt einlegen.

3 Den Topf mit einem Deckel verschließen und das Hackfleisch bei milder Hitze etwa 20 Minuten garen. Den Backofen auf 200 °C (Umluft 180 °C, Gas Stufe 3) vorheizen und eine ofenfeste Form mit Olivenöl ausstreichen.

4 Aus Butter und Mehl eine helle Schwitze rühren und mit Milch aufgießen. Die Sauce unter fortwährendem Rühren etwa 5 Minuten kochen. Mit Salz und Muskat würzen. Die Lasagneblätter mit dem Hackfleisch und der Bechamelsauce abwechselnd in die Form schichten.

5 Den Mozzarella in dünne Scheiben schneiden, den Parmesan reiben. Auf die letzte Schicht Hackfleischsauce Mozzarella legen. Alles mit Parmesan bestreuen und mit restlicher Sauce überziehen. Die Auflaufform in den Backofen schieben und die Lasagne etwa 30 Minuten backen.

Paprikaschoten mit Ziegenkäse

Für 4 Personen **Zubereitungszeit 1½ Stunden**

4 rote Paprikaschoten • 4 Scheiben Weißbrot • 30 g Butter 200 g Ziegenkäse (z.B. Bougon oder Valencay aus Frankreich) 50 g Mascarpone • 150 g saure Sahne • 1 TL getrocknete Kräuter der Provence • 4 EL Olivenöl • Salz • Schwarzer Pfeffer

1 Den Backofen auf 200 °C (Umluft 180 °C, Gas Stufe 3) vorheizen. Die Paprikaschoten waschen und mit Küchenpapier gründlich trockenreiben. Die Schoten auf ein Backblech legen und für etwa 15 Minuten in den vorgeheizten Backofen schieben. Sobald die Paprikahäute runzelig werden und Blasen werfen, herausnehmen.

2 Die Paprikaschoten in einen Topf legen, mit einem Deckel verschließen und etwa 10 Minuten ruhen lassen. Dann die Paprikahäute mit einem Messer abziehen und die Schoten längs aufschlitzen, aber nicht auseinander schneiden. Stielansätze, Kerne und weiße Rippen entfernen.

3 Eine größere Auflaufform einfetten. Die Weißbrotscheiben mit Butter bestreichen und auf den Boden der Form legen. Den Ziegenkäse mit einer Gabel zerkleinern. Mit Mascarpone, saurer Sahne, Kräuter der Provence sowie 2 Esslöffeln Olivenöl verrühren.

4 Die Paprikaschoten mit der Käsemischung füllen und je eine Schote auf eine Weißbrotscheibe legen. Alles mit Salz und Pfeffer würzen und das restliche Olivenöl darüberträufeln. Die Auflaufform in den Backofen schieben und die Hitze auf 180 °C (Umluft 160 °C, Gas Stufe 2–3) reduzieren. Die Paprikaschoten in etwa 30 Minuten backen.

Tipp

Die Paprikaschoten zu enthäuten ist zwar etwas aufwändig, aber es lohnt sich! In Verbindung mit dem aromatischen Ziegenkäse ist der zarte Schmelz des puren Paprikafleisches ein absoluter Genuss. Servieren Sie zu dem Gericht pures oder Kräuterbaguette, außerdem gemischte Oliven.

Gemüsebratlinge mit Kreuzkümmeldip

Für 4 Personen **Zubereitungszeit 1½ Stunden**

½ Bund gemischte Kräuter (Dill, Kerbel, Oregano, Petersilie)
1 Schalotte • 1 Knoblauchzehe • 1 Möhre (ca. 200 g) • 2 EL Olivenöl
200 g Grünkernschrot • ⅜ l Gemüsebrühe • 200 g Pecorino
100 g gemahlene Haselnüsse • 2 Eier • Salz • Schwarzer Pfeffer
Zum Braten: Erdnussöl oder Butter
Für den Dip: 200 g saure Sahne • 2 EL Orangensaft
1 TL Kreuzkümmelsamen • Salz • Schwarzer Pfeffer

1 Die Kräuter waschen, die Blättchen von den Stängeln zupfen und fein hacken. Die Schalotte und die Knoblauchzehe schälen und fein würfeln. Die Möhre schälen und fein raspeln. In einem Topf das Olivenöl erhitzen und darin den Grünkernschrot unter Rühren einige Minuten anrösten. Mit Gemüsebrühe aufgießen und nach dem ersten Aufkochen etwa 5 Minuten leise kochen lassen.

2 Den Topf vom Herd ziehen und den Grünkernschrot etwa 10 Minuten ausquellen lassen. Den Käse reiben. Kräuter, Schalotten- und Knoblauchwürfel, Möhrenraspel, gemahlene Haselnüsse, Eier und Käse zugeben und zu einem Teig kneten. Mit Salz und Pfeffer würzen.

3 Mit befeuchteten Händen aus dem Gemüseteig Bratlinge formen und diese in heißem Erdnussöl oder Butter in etwa 10 Minuten von beiden Seiten goldbraun braten. Für den Dip saure Sahne mit Orangensaft, Kreuzkümmelsamen, Salz und Pfeffer verrühren. Den Dip zu den Bratlingen servieren.

Weizenschrot-Nocken unter der Jogurthaube

Für 4 Personen **Zubereitungszeit 1 Stunde**

1/2 Bund glatte Petersilie • 2 Knoblauchzehen • 150 g Sahne
1/2 l Gemüsebrühe • 1 EL Butter • 200 g Weizenschrot
2 Eier • Meersalz • Schwarzer Pfeffer • 100 g Cheddar
100 g alter Gouda • 150 g Vollmilchjogurt
Außerdem: Fett für die Form

1 Die Petersilie waschen, die Blättchen von den Stängeln zupfen und fein hacken. Die Knoblauchzehen schälen und durch eine Knoblauchpresse drücken. In einem Topf die Sahne mit der Gemüsebrühe sowie mit der Butter aufkochen.

2 Den Weizenschrot auf einmal dazuschütten und so lange rühren, bis sich ein Teigkloß bildet. Den Topf vom Herd nehmen und die Masse etwa 5 Minuten abkühlen lassen. Den Weizenschrot mit Eiern, Petersilie und Knoblauch verkneten. Mit Meersalz und Pfeffer würzen. Den Backofen auf 200 °C (Umluft 180 °C, Gas Stufe 3) vorheizen.

3 Aus dem Teig mit zwei feuchten Esslöffeln Nocken formen und diese in kochendes Wasser gleiten lassen. Die Hitze zurückdrehen und die Nocken etwa 10 Minuten ziehen lassen.

4 Eine Auflaufform einfetten und die Nocken einlegen. Die beiden Käse fein reiben, mit Jogurt vermischen und löffelweise über die Nocken geben. Die Form in den Backofen schieben und die Nocken 10 bis 15 Minuten gratinieren.

Tipp

Dazu passt Kopfsalat mit Orangenfilets und frisches Bauernbrot.
Haben Sie bei der Auswahl der Käse zum Gratinieren Mut zur Variation: Probieren Sie auch einmal Roquefort aus Frankreich, Gorgonzola aus Italien, Galil aus Israel, Normanna aus Norwegen, Bavaria blue oder Cambozola aus Deutschland, blauen oder weißen Stilton, Lancashire, roten Leicester, Caerphilly oder Blue Cheshire aus England oder Mycella aus Dänemark.

Muscheln mit Käsekick und Jogurtspinat

Für 4 Personen **Zubereitungszeit 45 Minuten**

Für die Muscheln: 1 1/2 kg geputzte frische Miesmuscheln • Salz
2 Knoblauchzehen • 1/2 Bund Petersilie • 100 g Parmesan • 2 EL Olivenöl
1 Ei • 2 EL fein geriebenes Weißbrot • Schwarzer Pfeffer
Für den Spinat: 1 kg frischer Blattspinat • 2 Knoblauchzehen
6 EL Olivenöl • Salz • Schwarzer Pfeffer • Saft von 1/2 Zitrone
250 g Vollmilchjogurt • 1 Prise Kurkuma

1 Die Muscheln so lange in kaltem Wasser waschen, bis das Wasser klar bleibt. In einem breiten Topf etwa 1/2 Liter leicht gesalzenes Wasser aufkochen und die Muscheln einlegen. Den Topf mit einem Deckel verschließen und die Muscheln garen, bis sich die Schalen öffnen; geschlossene Muscheln wegwerfen.

2 Von jeder Muschel eine Schalenhälfte ablösen und das Muschelfleisch mit einer Gabel loslösen, aber nicht herausnehmen. Den Backofen auf 180 °C mit Grillstufe vorheizen. Die Knoblauchzehen schälen und fein würfeln.

3 Die Petersilie waschen, die Blätter von den Stängeln zupfen und hacken. Den Parmesan reiben. Das Olivenöl mit dem Ei verschlagen und Knoblauch, Petersilie, Weißbrot und Parmesan unterrühren. Mit Salz und Pfeffer würzen.

4 Die Muscheln mit der Füllung belegen und auf ein Backblech setzen. Den Spinat verlesen, waschen und grob zerschneiden. Die Knoblauchzehen schälen und fein würfeln. In einem breiten Topf das Olivenöl erhitzen und darin die Knoblauchwürfel andünsten.

5 Den Spinat hinzufügen und unter Rühren 5 Minuten garen. Den Pfanneninhalt salzen und pfeffern, mit Zitronensaft, Jogurt und Kurkuma locker vermengen und auf Teller verteilen.

6 Die Muscheln in den vorgeheizten Backofen schieben und in etwa 5 Minuten gratinieren. Dann auf die Tellerränder, rund um den Spinat verteilen und einige auf die Spinatmitten setzen.

Feine Pilzpfännchen

Für 4 Personen | **Zubereitungszeit 20 Minuten**

250 g Champignons und Austernpilze • 1 Schalotte • 2 EL Butter 4 EL trockener Weißwein • 2 EL gehackte Petersilie • Salz • Schwarzer Pfeffer • 100 g Sahne • 100 g Käse (z. B. Emmentaler, Edamer, Gouda)

1 Die Pilze putzen und klein schneiden. Die Schalotte schälen und fein würfeln. Butter in einer Pfanne erhitzen und darin die Schalottenwürfel andünsten. Die Pilze hinzufügen und so lange braten, bis der Pilzsaft aufgesogen ist. Mit Weißwein beträufeln, mit Petersilie, Salz und Pfeffer würzen.

2 Zuletzt die Sahne einrühren und 1 Minute offen kochen lassen. Den Käse reiben und unter die Pilze mengen; in Pfännchen servieren.

Sahne-Lachs-Pfännchen

Für 4 Personen | **Zubereitungszeit 20 Minuten**

400 g Lachsfilet ohne Haut • Salz • Weißer Pfeffer Saft von ½ Zitrone • 1 EL mittelscharfer Senf • 50 g Butter 50 g Crème fraîche • 100 g Vacherin

Das Lachsfilet in feine Streifen schneiden, mit Salz, Pfeffer und Zitronensaft vermengen. Den Senf mit Butter und Crème fraîche verrühren. Den Käse reiben und unterziehen. Lachsstreifen mit der Käsesauce vermengen; auf Pfännchen verteilen und unter dem Raclettegrill überbacken.

Gemüsepfännchen mit Schimmelkäse

Für 4 Personen **Zubereitungszeit 20 Minuten**

2 große Möhren • 1 Zucchino • 4 Frühlingszwiebeln • 100 g Sahne • Salz
Schwarzer Pfeffer • 150 g Blauschimmelkäse (z. B. Roquefort, Gorgonzola)

Die Möhren schälen und in streichholzartige Stifte schneiden. Den Zucchino waschen und fein raspeln. Die Frühlingszwiebeln putzen und fein würfeln. Alles mit Sahne vermengen und mit Salz und Pfeffer würzen. Den Blauschimmelkäse zerkleinern und unter das Gemüse mischen. Anschließend in die Pfännchen verteilen und unter dem Raclettegrill überbacken.

Fruchtige Fleischpfännchen

Für 4 Personen **Zubereitungszeit 20 Minuten**

8 flache Schweinefiletscheibchen á 50 g • Schwarzer Pfeffer
2 EL Pflanzenöl • Salz • 100 g Kirschkompott • 50 g Crème fraîche
150 g Raclettekäse in Scheiben

1 Die Schweinemedaillons pfeffern und in heißem Pflanzenöl von jeder Seite 2 Minuten scharf anbraten. Aus der Pfanne nehmen und salzen.

2 Das Kirschkompott in den Bratensatz gießen und unter ständigem Rühren die Crème fraîche hinzufügen. Den Pfanneninhalt auf vier Pfännchen verteilen und darauf je ein Schweinemedaillon setzen. Mit Käse bedecken und unter dem Raclettegrill überbacken.

Jogurt-Zucchini mit Käsekartoffeln

Für 4 Personen **Zubereitungszeit 1 Stunde**

Für die Kartoffeln: 1 Zwiebel • 1 kg Kartoffeln • Salz Schwarzer Pfeffer • 1/2 l Gemüsebrühe • 200 g Käse (z.B. Gouda, Parmesan) • 50 g zerlaufene Butter
Für die Jogurt-Zucchini: 600 g Zucchini • 50 g Mehl • 1/8 l trockener Weißwein • 1 EL Olivenöl • 1 Ei • 100 ml Sonnenblumenöl Salz • Schwarzer Pfeffer • 5 Knoblauchzehen • 250 g Vollmilchjogurt • 1 EL gehackte Minzeblätter

1 Den Backofen auf 200 °C (Umluft 180 °C, Gas Stufe 3) vorheizen und ein Backblech einfetten. Die Zwiebel schälen und klein würfeln. Die Kartoffeln schälen, längs in dünne Scheiben schneiden und dachziegelartig auf das Backblech legen.

2 Die Kartoffeln mit Salz und Pfeffer würzen und mit Zwiebelwürfeln bestreuen. Die Gemüsebrühe über die Kartoffeln gießen und das Backblech auf die mittlere Schiene des Backofens schieben. Die Kartoffeln 15 Minuten garen. Den Käse reiben und über die Kartoffeln streuen, die Butter darüber träufeln und in etwa 20 Minuten fertig backen.

3 Inzwischen die Zucchini waschen und in dünne Scheibchen schneiden. Mit einem elektrischen Handrührgerät aus Mehl, Weißwein, Olivenöl und dem Ei einen Teig rühren. Das Sonnenblumenöl in einer Pfanne erhitzen. Die Zucchinischeiben salzen und pfeffern. Dann mit Hilfe einer Gabel in den Teig tauchen und im heißen Öl auf beiden Seiten braten.

4 Die knusprig gebratenen Zucchinischeiben zum Entfetten auf Küchenpapier legen. Die Knoblauchzehen schälen und durch eine Knoblauchpresse in den Vollmilchjogurt drücken. Minzeblätter, Salz und Pfeffer dazugeben und alles verrühren.

5 Zum Servieren die Kartoffeln auf den Tellern verteilen. Die Zucchinischeiben ebenfalls auf den Tellern anrichten und den Jogurt auf den Zucchinischeiben verteilen.

Kartoffelauflauf mit Schinken

Für 4 Personen **Zubereitungszeit 1 Stunde**

1 kg Kartoffeln • Salz • 1 TL Kümmel • 200 g Cheddarkäse
2 EL zimmerwarme Butter • 1 EL Mehl • 1/2 l Milch
1 Lorbeerblatt • Schwarzer Pfeffer • 200 g gekochter Schinken
Außerdem: Fett für die Form

1 Die Kartoffeln waschen und in der Schale in reichlich Salzwasser mit Kümmel fast gar kochen. Die Kartoffeln abgießen, kurz abkühlen lassen und schälen. Dann in etwa 1 Zentimeter große Stücke schneiden. Den Käse reiben.

2 Den Backofen auf 200 °C (Umluft 180 °C, Gas Stufe 3) vorheizen und eine Auflaufform einfetten. Aus Butter und Mehl eine helle Schwitze rühren und diese mit Milch aufgießen. Die Sauce salzen, pfeffern und das Lorbeerblatt einlegen. Unter ständigem Rühren etwa 5 Minuten offen kochen lassen.

3 Den Topf vom Herd ziehen und den geriebenen Käse unterrühren. Den Schinken fein würfeln. Die Kartoffeln in der Auflaufform verteilen, mit Schinken bestreuen und mit der Sauce überziehen. Im Backofen etwa 15 Minuten überbacken. Herausnehmen und sofort servieren.

Tipp

Anstatt eine Bechamelsauce zuzubereiten, können Sie auch einfach 250 Gramm Sahne mit 2 Eiern verrühren und über die Kartoffeln gießen. Dann den Auflauf mit Käse bestreuen und überbacken.

Sauerrahmspätzle mit Zwiebelringen

Für 4 Personen **Zubereitungszeit 50 Minuten**

**2 große Zwiebeln • 400 g Mehl • 500 g saure Sahne • 3 Eier
2 Eigelbe • 1 TL Salz • etwa 50 ml Mineralwasser • Salz
5 EL Sonnenblumenöl • 1–2 EL Butter • Schwarzer Pfeffer • Muskat
Außerdem: 1 EL gehackte Petersilie**

1 Die Zwiebeln schälen, halbieren und in dünne Ringe schneiden. Mit den Knethaken eines elektrischen Handrührgerätes aus Mehl, saurer Sahne, Eiern, Eigelben, Salz und Mineralwasser einen glatten Teig herstellen.

2 Einen großen Topf mit Salzwasser zum Kochen aufstellen. Daneben eine Schüssel mit kaltem Wasser stellen. Den Spätzleteig portionsweise mit einem Spätzlehobel in das kochende Wasser schaben. Mehrmals aufkochen lassen und die an der Oberfläche schwimmenden Spätzle mit einem Schaumlöffel direkt in das kalte Wasser geben.

3 Die Spätzle in ein Sieb gießen, mehrmals kalt durchspülen und abtropfen lassen. In einer Pfanne das Sonnenblumenöl erhitzen und darin die Zwiebelringe einige Minuten braten. Die Spätzle mit Butter hinzufügen und zum Erwärmen einige Minuten schwenken. Mit Salz, Pfeffer und Muskat würzen. Mit Petersilie bestreuen und servieren.

Tipp

Sie können die Zwiebelringe auch separat rösten und über die in Butter geschwenkten Spätzle geben.
Die saftigen Sauerrahmspätzle schmecken auch sehr lecker, wenn sie mit Käse überbacken werden. Geben Sie sie in eine feuerfeste Form und reiben Sie Käse darüber, z. B. Bel Paese, Emmentaler, Edamer, Parmesan, Gouda, Greyerzer, Appenzeller, Cheddar oder Mozzarella.
Übrigens ist der berühmte Appenzeller, der vielfach zum Überbacken von Spätzle oder Nocken verwendet wird, eigentlich gar kein echter Schweizer. Laut kulinarischen Notizen wurde dieser Käse von irischen Mönchen im 8. Jahrhundert in der Schweiz eingeführt.

Orientalisches Jogurthähnchen

Für 4 Personen **Zubereitungszeit 1 Stunde**

2 küchenfertige Hähnchen • Salz
250 g Vollmilchjogurt • 1 Msp. Kurkuma • 1 EL Tomatenmark
2 EL Olivenöl • Schwarzer Pfeffer
Außerdem: Fett für die Form

1 Die Hähnchen längs halbieren und kalt abspülen. In einen Topf legen, mit kaltem Wasser bedecken und aufkochen. Salzen und bei mittlerer Hitze etwa 30 Minuten garen. Zwischendurch den Schaum auf der Wasseroberfläche abnehmen.

2 Den Backofen auf 200 °C (Umluft 180 °C, Gas Stufe 3) vorheizen und eine entsprechend große Auflaufform einfetten. Die Hähnchen aus dem Kochwasser nehmen, gut abtropfen lassen und mit der Brustseite nach oben in die Form legen.

3 Vollmilchjogurt mit Kurkuma, Tomatenmark, Olivenöl, Salz und Pfeffer verrühren. Die Hähnchen mit der Jogurtmischung löffelweise überziehen. Die Form in den Backofen schieben und die Hähnchenhälften in etwa 20 Minuten goldbraun überbacken.

Tipp

Dazu passen knusprig gebackene Kartoffeln oder Fladenbrot und gemischte Salate.
Jogurt, die Sahne in der orientalischen, aber auch in der indischen Küche, ist durch den milchsäuerlichen Geschmack äußerst beliebt. Er ist Bestandteil zahlreicher Rezepte – man kann dies damit vergleichen, wie bei uns Sahne oder Crème fraîche verwendet wird. Für internationale warme Gerichte sollten Sie vorzugsweise Vollmilchjogurt aus Ziegenmilch oder griechischen Jogurt aus Schafsmilch nehmen. Diese sind in gut sortierten Supermärkten und in Spezialläden zu bekommen. In Indien heißt Jogurt »Curd« oder »Dahi« – das erklärt so manche Bezeichnung auf den Speisenkarten in indischen Restaurants.

Türkische Moussaka

Für 4 Personen **Zubereitungszeit 1 1/2 Stunden**

**1 kg Zucchini • 1 Bund glatte Petersilie • 2 Zwiebeln • 4 Tomaten
4 längliche Paprikaschoten (türkische) • 150 ml Olivenöl • Salz
Schwarzer Pfeffer • 300 g Lammhackfleisch • 250 g Vollmilchjogurt
1/2 TL Paprikapulver edelsüß**

1 Den Backofen auf 200 °C (Umluft 180 °C, Gas Stufe 3) vorheizen. Die Zucchini waschen, putzen und in dünne Scheiben schneiden. Die Petersilie waschen, die Blättchen von den Stängeln zupfen und fein hacken. Die Zwiebeln schälen und fein würfeln.

2 Die Tomaten mit kochendem Wasser übergießen, häuten, entkernen und fein würfeln. Die Paprikaschoten waschen, entkernen und in Streifen schneiden. Eine Auflaufform mit Olivenöl ausstreichen und etwa 5 Esslöffel Olivenöl in einer Pfanne erhitzen.

3 Zucchini, Paprikaschoten sowie Tomatenwürfel im Olivenöl rundherum knusprig braten. Salzen und pfeffern und auf den Boden der Auflaufform verteilen. Restliches Olivenöl im Bratensatz erhitzen und darin die Zwiebelwürfel andünsten.

4 Das Lammhackfleisch zu den Zwiebeln geben und unter Rühren krümelig braten. Mit Salz und Pfeffer würzen und auf dem Gemüse in der Form verteilen. Den Vollmilchjogurt mit Salz, Pfeffer und Paprikapulver würzen und auf dem Hackfleisch verstreichen.

5 Die Moussaka in den Backofen schieben und etwa 30 Minuten backen. Mit Petersilie bestreuen und sofort servieren.

Tipp

Lammfleisch ist typisch für die türkische Küche und gibt der Moussaka ein ganz besonderes Aroma. Sie können stattdessen auch Rinderhackfleisch verwenden oder gemischtes Hackfleisch vom Rind und vom Schwein.

Lammkoteletts mit Käsesauce

Für 4 Personen **Zubereitungszeit 30 Minuten**

2 Schalotten • 1 TL Butter • 1/2 l Fleischbrühe • 200 g Sahne
1 Lorbeerblatt • Schwarzer Pfeffer • 5 EL Pflanzenöl
12 Lammkoteletts • Salz • 1/8 l trockener Weißwein
200 g Cashel Irish Blue (oder anderen Schimmelkäse)

1 Die Schalotten schälen und fein würfeln. Die Butter in einem breiten Topf erhitzen und darin die Schalottenwürfel andünsten. Mit Fleischbrühe sowie 100 Gramm Sahne aufgießen und etwa 5 Minuten leise kochen lassen. Lorbeerblatt einlegen und mit Pfeffer würzen.

2 Das Öl in einer Pfanne erhitzen. Die Lammkoteletts auf beiden Seiten mit Pfeffer würzen und 3 bis 5 Minuten braten. Herausnehmen, auf einen Teller legen und salzen.

3 Den Bratensatz mit Weißwein ablöschen, loskochen und zur Sahnesauce gießen. Den Käse zerkleinern und zusammen mit der restlichen Sahne in die Sauce rühren. Einige Minuten kochen lassen und nochmals abschmecken.

4 Je drei Lammkoteletts auf einen vorgewärmten Teller geben. Die Koteletts mit der Käsesauce überziehen und servieren.

Tipp

Mit etwas Crème double oder Kräuter-Crème-fraîche wird die Sauce noch cremiger.

Überbackene Pfirsiche

Für 4 Personen **Zubereitungszeit 10 Minuten**

4 saftige Pfirsiche • 50 g Mandelblättchen • Puderzucker • 100 g Mascarpone 1 Pck. Vanillezucker • 2 Eigelbe • 2 EL Orangenlikör (Grand Manier)

Die Pfirsiche waschen und in dünne Spalten schneiden. In Pfännchen legen, mit Mandelblättchen bestreuen und mit Puderzucker bestäuben. Mascarpone mit Vanillezucker, Eigelben und Orangenlikör verrühren. Die Pfirsiche damit überziehen. Die Pfirsiche unter dem Raclettegrill goldgelb überbacken.

Roquefortbirnen

Für 4 Personen **Zubereitungszeit 15 Minuten**

4 süße Birnen • Saft von 1/2 Zitrone • 1/2 l Rotwein • 50 g Zucker 1/2 Zimtstange • 100 g Sahne • 100 g Roquefort

1 Die Birnen schälen, längs halbieren und entkernen. Die Birnenhälften mit Zitronensaft beträufeln. Den Rotwein mit Zucker und Zimtstange aufkochen, die Birnenhälften einlegen und etwa 5 Minuten ziehen lassen. Die Birnen herausnehmen, auf Küchenpapier abtropfen lassen und in dünne Scheibchen schneiden. Auf Pfännchen verteilen.

2 Die Sahne erhitzen und den zerkleinerten Roquefort einrühren. Sobald die Sauce eine cremige Konsistenz hat, die Birnen damit überziehen. Die Pfännchen unter den Raclettegrill schieben und die Birnen überbacken.

Mascarpone-Erdbeeren

Für 4 Personen **Zubereitungszeit 10 Minuten**

400 g Erdbeeren • 100 g Mascarpone
4 EL Mandellikör (Amaretto) • 50 g Zucker

1 Die Erdbeeren verlesen, waschen und je nach Größe halbieren oder in Scheibchen schneiden; auf Pfännchen verteilen.

2 Mascarpone mit Amaretto und Zucker verrühren und die Erdbeeren damit überziehen. Die Pfännchen unter den Raclettegrill schieben und die Erdbeeren überbacken.

Mango mit Zimtmascarpone

Für 4 Personen **Zubereitungszeit 10 Minuten**

1 große, reife Mango • 1 EL Kokosraspeln • 100 g Mascarpone
3 EL Orangenlikör (Grand Manier) • 50 g Zucker
Gemahlener Zimt nach Geschmack

1 Die Mango schälen und das Fruchtfleisch in dünne Scheiben schneiden. Die Mangoscheiben auf Pfännchen verteilen und mit Kokosraspeln bestreuen.

2 Mascarpone mit Orangenlikör, Zucker sowie mit etwas Zimt verrühren und über die Mangoscheiben verteilen. Die Pfännchen unter den Raclettegrill schieben und die Mangos goldbraun gratinieren.

Pikante Käsekugeln mit Mango-Jogurt

Für 4 Personen **Zubereitungszeit 1 Stunde**

½ l Milch • 100 g Butter • 200 g Mehl • 3 Eier
100 g Emmentaler • Salz • 2 Eigelbe
Außerdem: 150 g Vollmilchjogurt • 2 EL Mango-Chutney

1 Den Backofen auf 190 °C (Umluft 170 °C, Gas Stufe 3) vorheizen und ein Backblech einfetten und mit Mehl ausklopfen. In einem Topf Milch und Butter aufkochen. Das Mehl mit einem Ruck in die kochende Flüssigkeit geben und so lange rühren, bis sich am Topfboden eine weiße Schicht bildet und ein Teigkloß entstanden ist.

2 Den Topf vom Herd nehmen und den Teig kurz abkühlen lassen. Den Käse reiben. Die Eier, ⅔ vom Emmentaler und das Salz in den Teig einarbeiten. Aus dem Teig kleine Kugeln formen und auf das Backblech legen. Die Eigelbe mit dem restlichen Käse verrühren und die Teigkugeln damit bepinseln.

3 Die Käsekugeln in den vorgeheizten Backofen schieben und in etwa ½ Stunde goldgelb backen. Inzwischen Jogurt und Mango-Chutney verrühren und in Portionsschälchen verteilen. Die gebackenen Käsekugeln kurz auskühlen lassen und mit dem Mango-Jogurt als Dip servieren.

Tipp

Die Käsekugeln sind nicht ganz einfach zu backen, denn der Brandteig, aus dem sie hergestellt sind, erfordert etwas Übung. Aber wenn man es beherrscht, wird man mit diesem köstlichen Dessert viel Lob ernten.

Quarkbällchen mit Erdbeersahne

Für 4 Personen **Zubereitungszeit 1 Stunde**

500 g Mehl • 1 Pck. Backpulver • 1 Pck. Vanillezucker
500 g Quark • 6 Eier • 150 g Zucker • 250 g Erdbeeren • 250 g Sahne
Zum Frittieren: 1 kg Backfett
Zum Bestäuben: Puderzucker

1 Das Mehl mit dem Backpulver und dem Vanillezucker in eine Schüssel sieben. Den Quark, die Eier und 100 Gramm Zucker einrühren und einen lockeren Teig herstellen.

2 Die Erdbeeren waschen, entstielen und mit dem restlichen Zucker im Küchenmixer zermusen. Die Sahne steif schlagen, das Erdbeermus unterheben und kühl stellen.

3 Das Backfett auf ca. 180 °C zum Sieden erhitzen. Mit zwei Teelöffeln vom Teig kleine Nocken abstechen und diese portionsweise in das heiße Fett geben. Jeweils in etwa 5 Minuten goldgelbe Quarkbällchen ausbacken. Die Bällchen mit einem Schaumlöffel herausnehmen und auf Küchenpapier entfetten.

4 Wenn die Bällchen etwas abgekühlt sind, mit Puderzucker bestäuben und mit der Erdbeersahne servieren.

Tipp

Quark macht stark. Als Milchprodukt enthält er lebenswichtige Nährstoffe, was ihn wertvoll und unverzichtbar für eine gesunde, ausgewogene Ernährung macht. Dabei beinhaltet vor allem Magerquark sehr wenig Fett. Diese Quarkbällchen bekommen ihr Fett zwar durch das Frittieren ab, aber es ist gut zu wissen, dass der Teig zum Großteil aus gesundem Quark besteht. Wer die »Sünde« kleiner halten will, kann die Erdbeeren auch ohne Sahne zu den Quarkbällchen genießen. Achten Sie beim Frittieren auf die richtige Temperatur des Fetts. Nur wenn es heiß genug ist, verschließen sich die Poren des Gebäcks sofort und es bekommt eine dünne knusprige Hülle.

Nackerter Käsekuchen

Für 1 Springform von 26 cm Ø **Zubereitungszeit 1½ Stunden**

4 Eier • 250 g zimmerwarme Butter • 150 g Zucker
1 Pck. Vanillezucker • 1 kg Quark (20% Fett)
1 Pck. Vanillepuddingpulver • 1 Pck. Backpulver • 3 EL Grieß
Abgeriebene Schale und Saft von 1 unbehandelten Zitrone

1 Den Backofen auf 150 °C (Umluft 130 °C, Gas Stufe 1) vorheizen und eine Springform einfetten. Die Eier trennen. Butter, Zucker, Eigelbe sowie Vanillezucker mit einem elektrischen Handrührgerät schaumig schlagen.

2 Nach und nach Quark, Vanillepuddingpulver, Backpulver, Grieß, abgeriebene Zitronenschale und -saft unterrühren. Das Eiweiß zu steifem Schnee schlagen und unter den Quarkteig heben.

3 Den Teig in die Springform füllen und die Oberfläche dabei etwas glatt streichen. Die Springform auf die mittlere Schiene des Backofens stellen und etwa 1 Stunde backen.

Tipp

Dieser Kuchen ist der Hit! Er befriedigt zum einen die Lust nach Süßem, ist ein Vorzeige-Objekt als hausgemachter Kuchen – und zudem superschnell herzustellen. Er braucht keinen Boden bzw. Teig, der Quark macht alles saftig. So ist der Kuchen auch einige Tage im Kühlschrank haltbar. Decken Sie ihn jedoch sehr gut mit Klarsichtfolie ab, damit die Oberfläche nicht austrocknet.

Quarknudeln mit Pflaumenmus

Für 4 Personen **Zubereitungszeit 1½ Stunden**

Für das Pflaumenmus: 800 g frische Pflaumen • 3 Gewürznelken
150 g Zucker • Saft von 1 Zitrone • ½ Zimtstange
Für die Quarknudeln: 600 g Quark (20% Fett) • 1 Ei
300 g Mehl • Salz • 200 g Butter • 150 g Sahne
Zum Bestäuben: Puderzucker

1 Die Pflaumen waschen, halbieren und entkernen. In einem größeren Topf 200 Milliliter Wasser mit Gewürznelken, Zucker, Zitronensaft sowie der Zimtstange aufkochen. Die Pflaumen hinzufügen und bei mittlerer Hitze etwa 30 Minuten leise kochen lassen.

2 Zwischendurch die Pflaumen immer wieder umrühren, damit am Topfboden nichts ansetzen kann. Den Topfinhalt in eine Schüssel füllen und bis zum Verzehr kalt stellen.

3 Für die Quarknudeln Quark, Ei, Mehl und Salz in einer Schüssel zu einem mittelweichen Teig verarbeiten. Den Backofen auf 200 °C (Umluft 180 °C, Gas Stufe 3) vorheizen. Die Butter in einer Bratreine zerlaufen lassen.

4 Mit einem befeuchteten Esslöffel Nocken vom Quarkteig abstechen. Diese mit einem zweiten Esslöffel schön nachformen, in die Bratreine legen und mit der Hand etwas platt zu Nudeln drücken. Die Quarknudeln auf jeder Seite 2 Minuten anbraten.

5 Die gebratenen Quarknudeln dick mit Puderzucker bestäuben und mit Sahne begießen. Zum Überbacken in den vorgeheizten Ofen schieben. Die Backzeit beträgt 15 bis 20 Minuten. Servieren Sie das Pflaumenmus zu den heißen Quarknudeln.

Tipp

Die heißen Quarknudeln mit dem kühlen Pflaumenmus sind ein Genuss. Sollten trotzdem Reste übrig bleiben, schmecken sie auch kalt sehr lecker.

Quarksoufflé auf Waldbeeren

Für 4 Personen **Zubereitungszeit 1½ Stunden**

3 Eier • 250 g Quark (20% Fett) • Ca. 100 g Puderzucker
150 g saure Sahne • 1 Pck. Vanillepuddingpulver • 500 g frische Waldbeeren (Erdbeeren, Blaubeeren, Himbeeren) • 2–3 EL Zucker
2 cl Johannisbeerlikör (Cassis) • 1 EL Stärkepulver
Für die Förmchen: Flüssige Butter und Zucker

1 Den Backofen auf 180 °C (Umluft 160 °C, Gas Stufe 2–3) vorheizen. Die Förmchen mit Butter einfetten und mit Zucker ausklopfen. Die Eier trennen. Mit einem elektrischen Handrührgerät Quark, Eigelbe, 100 Gramm Puderzucker und saure Sahne glatt rühren.

2 Das Eiweiß mit dem Puddingpulver cremig aufschlagen. Die Eiweißcreme vorsichtig unter die Quarkmasse ziehen. Die Masse in die Förmchen füllen – sie sollten nur halb voll sein – und die Oberflächen leicht mit Puderzucker bestäuben.

3 Die Förmchen auf ein Backblech stellen, auf die mittlere Einschubleiste schieben und etwa 20 Minuten backen.

4 Inzwischen die Waldbeeren verlesen, waschen und in einem Topf mit Zucker und Likör verrühren. Kurz aufkochen lassen. Das Stärkepulver mit 3 Esslöffeln Wasser glatt rühren und in den Topf rühren. Den Topf vom Herd ziehen. Die Waldbeeren auf vier tiefe Teller verteilen.

5 Die Quarksoufflés mit einem scharfen Messer aus den Förmchen lösen, stürzen und auf den Waldbeeren anrichten.

Tipp

Für die Quarksoufflés sollten Sie keinen Magerquark verwenden, da sie sonst zu trocken werden. Sollten Sie nur Magerquark im Haus haben, rühren Sie einfach ein wenig Sahne darunter, bis eine cremige Masse entsteht. Hingegen ist Sahnequark als Alternative gut geeignet.

Pfannkuchen mit Schokomus und Mascarpone

Für 4 Personen

Zubereitungszeit 1 ½ Stunden
Kühlzeit 3–4 Stunden

Für das Schokomus: 100 g dunkle Kuvertüre • 3 Eigelbe
100 g Zucker • 250 g Sahne
Für die Mascarponecreme: 1 Eigelb • 50 g Puderzucker
Saft von ½ Orange • 1 EL Orangenlikör • 150 g Mascarpone
Für die Buttermilchpfannkuchen: ½ l Buttermilch • 2 Eigelbe
1 Ei • 50 g Crème fraîche • 3 EL Zucker • 150 g Mehl
50 g flüssige Butter • Salz • Saft und abgeriebene Schale von ½ Zitrone
Zum Backen: 100 g Butter **Zum Bestäuben:** Puderzucker

1 Ein heißes Wasserbad vorbereiten und in eine dazu passende Schüssel die Kuvertüre in kleinen Stückchen geben. Die Schüssel in das Wasserbad stellen und die Kuvertüre schmelzen lassen.

2 Mit einem elektrischen Handrührgerät die Eigelbe mit Zucker schaumig aufschlagen und die Kuvertüre einrühren. Die Sahne steif schlagen und sehr vorsichtig unterheben. Mit Folie abdecken und kalt stellen.

3 Für die Mascarponecreme das Eigelb mit Puderzucker, Orangensaft und Orangenlikör cremig rühren. Nach und nach Mascarpone einrühren. Die Creme in eine Servierschale füllen; abdecken und kalt stellen.

4 Für die Buttermilchpfannkuchen in einer Schüssel Buttermilch, Eigelbe, Ei, Crème fraîche, Zucker, Mehl, Butter und eine Prise Salz zu einem glatten Pfannkuchenteig verrühren. In einer Pfanne in genügend heißer Butter kleine Pfannkuchen ausbacken. Zum Servieren je einen kleinen Pfannkuchen auf einen Teller legen. Nach Belieben mit Schokomus und Mascarponecreme bestreichen und mit Puderzucker bestäuben.

Tipp

Reichen Sie außerdem frische Früchte, wie Beeren, Pfirsiche oder Bananen zu den Pfannkuchen.

Aprikosenknödel mit Butterbröseln

Für 4 Personen

Zubereitungszeit 1 Stunde
Kühlzeit 1 Stunde

80 g zimmerwarme Butter • 2 Eier • 80 g Zucker • abgeriebene Schale von 1/2 Zitrone • 400 g Sahnequark • 200 g Mehl
Etwa 10 Stück Aprikosen • Etwa 10 Stück Würfelzucker • Salz
Für die Butterbrösel: 40 g Butter • 2 EL Zucker • 2 EL Semmelbrösel
1 Prise gemahlener Zimt

1 In einer Schüssel die Butter mit Eiern, Zucker und Zitronenschale cremig rühren. Den Quark in einem Küchentuch etwas ausdrücken und zusammen mit dem Mehl unter die Buttermasse kneten.

2 Den Quarkteig abdecken und für etwa 1 Stunde in den Kühlschrank stellen. Die Aprikosen waschen, einschneiden und entkernen. Anstelle des Kerns ein Stück Würfelzucker hineingeben.

3 Den Quarkteig aus dem Kühlschrank nehmen und auf einer bemehlten Arbeitsfläche etwa 1/2 Zentimeter dick ausrollen und in Quadrate schneiden. Je ein Teigstück auf die Handfläche legen, die Aprikose darauf setzen und mit dem Teig umhüllen.

4 Mit beiden Händen Knödel formen und diese in kochendes Salzwasser legen. Bei milder Hitze etwa 15 Minuten garziehen lassen.

5 In einer Pfanne die Butter schmelzen und den Zucker sowie die Semmelbrösel einrühren. Nur ganz leicht rösten und mit Zimt würzen. Die fertigen Aprikosenknödel aus dem Salzwasser nehmen, kurz abtropfen lassen und in den Butterbröseln schwenken.

Becherkuchen mit Jogurtschweinchen

Für 1 Kastenform von etwa 2 Liter Inhalt **Zubereitungszeit 80 Minuten**

1 Becher Pfirsichjogurt (150 g) • 1 Becher Sonnenblumenöl • 2 Becher brauner Zucker • 3 Eier
3 Becher Weizenmehl • 1 Pck. Backpulver
Für die Glasur: Saft von ½ Orange • 1 TL Zitronensaft
2–3 EL Puderzucker • 100 g Jogurtgums in Schweinchenform
Außerdem: Butter für die Form

1 Den Backofen auf 200 °C (Umluft 180 °C, Gas Stufe 3) vorheizen; eine Kastenform mit Butter ausstreichen und mit Mehl ausklopfen. Den Jogurt aus dem Becher umfüllen, damit der Becher als Maßeinheit frei wird.

2 In einer Schüssel Sonnenblumenöl mit Zucker schaumig rühren. Jogurt und Eier unterrühren. Nach und nach gesiebtes Mehl und Backpulver unterheben. Den Rührteig in die Kastenform füllen und glatt streichen. Auf die mittlere Schiene im Backofen stellen und knapp 1 Stunde backen.

3 Den fertigen Kuchen 5 bis 8 Minuten auskühlen lassen. Dann mit einem Messer an den Rändern lösen und vorsichtig stürzen. Für die Glasur Orangen- und Zitronensaft mit Puderzucker glatt rühren. Den Kuchen damit bestreichen und die Jogurtschweinchen darauf setzen.

Tipp

Sie können den Kuchen auch anders dekorieren – über die Variante mit den Schweinchen freuen sich vor allem Kinder.
Natürlich nur für Erwachsene ist folgende kleine flüssige Leckerei zum Nachmittagskaffee geeignet: Servieren Sie doch mal grünen Eierlikör! Dafür drei frische Minzeblättchen fein hacken und mit 150 Gramm Vollmilchjogurt und 3 Esslöffeln Eierlikör gründlich verrühren. Das grüne Getränk in eine Capuccinotasse oder ein großes Teeglas füllen. Dick mit Puderzucker bestäuben und mit ein paar Minzeblättchen und 1 Esslöffel gehackten Pistazien dekorieren. Auf den Unterteller können Sie noch Löffelbiskuits legen – zum Dippen.

Über dieses Buch

Die Autorin

Rose Marie Donhauser absolvierte drei gastronomische Ausbildungen, darunter auch eine Ausbildung zur Köchin im Hilton Hotel München. Seit 1988 arbeitet sie erfolgreich als Kochbuchautorin, Foodjournalistin und Restauranttesterin. Sie hat bereits über 80 praxisorientierte Kochbücher, teils mit Auszeichnungen versehen, veröffentlicht. Ideen und Anregungen holt sich die Künstlerin auf ihren zahlreichen Gourmetreisen im In- und Ausland. Seit 1996 ist sie Mitglied im Food Editor Club Deutschland.
Nähere Infos zur Autorin erhalten Sie unter www.donhauser-essklasse.de

Die Fotografin

Helga Florian ist ausgebildete Fotografin und hat sich auf die Bereiche, Food, Werbung, und digitale Bildbearbeitung spezialisiert. Sie lebt und arbeitet in Weiden.

Bildnachweis

Alle Fotos Helga Florian, Weiden; außer: PhotoDisc, Hamburg/Seattle: 2, 5, 8, 13, 15; Project Photos, Digitales Bildarchiv, Augsburg: 19

Haftungsausschluss

Die Inhalte dieses Buches sind sorgfältig recherchiert und erarbeitet worden. Dennoch kann weder die Autorin noch der Verlag für die Angaben in diesem Buch eine Haftung übernehmen.

Impressum

Weltbild Buchverlag
– Originalausgaben –

Projektleitung: Julia Kotzschmar/
Dr. Ulrike Strerath-Bolz

Redaktion: Annette Gillich

Umschlagabbildung: Helga Florian, Weiden

X-Design, München

Umschlaggestaltung: X-Design, München

DTP/Satz: AVAK Publikationsdesign, München

Reproduktion: Point of Media GmbH, Augsburg

Druck und Bindung: Offizin Andersen Nexö Leipzig GmbH, Spenglerallee 26 – 30, 04442 Zwenkau

Gedruckt auf chlorfrei gebleichtem Papier
Printed in Germany

ISBN: 3-89897-076-0

Unsere Rezepte werden von erfahrenen Autoren kreiert und erprobt. Wir freuen uns jedoch über Anregungen, Tipps oder Kritik und helfen bei Fragen gerne weiter. Bitte wenden Sie sich an: Weltbild Buchverlag, Steinerne Furt 67, 86167 Augsburg, oder schicken Sie uns eine E-Mail: Gabriele.Beck@weltbild.com

Von A bis Z